KIWAMERO!

極めろ！
TOEFL iBT® テスト
スピーキング・
ライティング解答力

TOEFL and TOEFL iBT are registered trademarks of ETS.
This publication is not endorsed or approved by ETS.

山内勇樹　森田鉄也

スリーエーネットワーク

Copyright ©2021 Yuuki Yamauchi, Tetsuya Morita
All rights reserved. No part of this publication may be reproduced, stored in a retrieval system, or transmitted in any form or by any means, electronic, mechanical, photocopying, recording, or otherwise, without the prior written permission of the Publisher.

Published by 3A Corporation.
Trusty Kojimachi Bldg., 2F, 4, Kojimachi 3-Chome, Chiyoda-ku, Tokyo 102-0083, Japan

ISBN978-4-88319-890-0

First published 2021
Printed in Japan

はじめに

テストというものは対策が進むにつれて難易度が上がります。TOEFL にも同じことが言えます。残念なことにその難易度は上がってきています。リーディング、リスニングの2技能だけだったペーパー試験の PBT から、ライティングが加わりコンピューターを使った CBT になり、その後スピーキングの加わった iBT になりました。さらに iBT も導入当初よりだいぶ難しくなりました。リーディングやリスニングの内容が難しくなるのは想像がしやすいかもしれませんが、スピーキングやライティングも設問が複雑になったり、採点基準が厳しくなったと言われています。ハッキリ言って難しい試験です。僕も特にスピーキングには苦労しました。言いたいことを言えない。時間内に言いきれない。何度も悔しい思いをしました。

しかし、対策が全くないわけではありません。テストには対策法が必ず存在します。本書は、英語試験マニアの僕と TOEFL の学校を運営する TOEFL マニアの山内先生による、数少ない TOEFL iBT のスピーキング、ライティング対策本です。僕らがどのようにして解答を作っているのかがわかるようになっています。高得点者がどのように思考し答えを作り上げているのか参考にしてください。また、コラムには勉強法やアドバイスも掲載しています。得点アップのヒントがさまざまなところに散りばめられています。使えると思ったものはどんどん実践して、効率良く学習を進めてください。

著者代表　森田鉄也

目次

はじめに ……………………………………………………………… 3

目次 ………………………………………………………………… 4

TOEFL iBT テストについて ……………………………………… 6

傾向と対策 ………………………………………………………… 8

本書のコンセプト・使い方 ………………………………………… 10

USA Club Web 学習の使い方 …………………………………… 11

音声について ……………………………………………………… 13

Chapter 1 **Speaking Section** ……………………………………… 15

Unit 1 スピーキングセクションの解答戦略 …………… 16

TOEFL iBT Speaking Section の概要

Independent の解き方

Integrated の解き方

Unit 2 本試験形式問題演習　Set 1 ……………… 23

問題 1　Independent ……………… 24

問題 2　Integrated [R + L] ……………… 36

問題 3　Integrated [R + L] ……………… 50

問題 4　Integrated [L] ……………… 64

Unit 3 本試験形式問題演習　Set 2 ……………… 77

問題 1　Independent ……………… 78

問題 2　Integrated [R + L] ……………… 90

問題 3　Integrated [R + L] ……………… 104

問題 4　Integrated [L] ……………… 118

Unit 4 本試験形式問題演習　Set 3 ……………… 131

問題 1　Independent ……………………… 132

問題 2　Integrated [R + L] …………… 144

問題 3　Integrated [R + L] …………… 158

問題 4　Integrated [L] ………………… 172

Chapter 2　**Writing Section** ……………………………… 185

Unit 1 ライティングセクションの解答戦略 ………… 186

TOEFL iBT Writing Section の概要

Integrated の解き方

Independent の解き方

Unit 2 本試験形式問題演習　Set 1 ……………… 191

問題 1　Integrated [R + L] …………… 192

問題 2　Independent ……………………… 210

Unit 3 本試験形式問題演習　Set 2 ……………… 221

問題 1　Integrated [R + L] …………… 222

問題 2　Independent ……………………… 240

Unit 4 本試験形式問題演習　Set 3 ……………… 253

問題 1　Integrated [R + L] …………… 254

問題 2　Independent ……………………… 272

TOEFL 指導、あるある体験記 ……………………………………… 283

オンラインツールの使い方、お得な情報 ……………………… 285

TOEFL iBT テストについて

TOEFL iBT とは？

TOEFL iBT とは大学で学ぶための語学能力を証明する資格の 1 つです。主に北米圏に留学するために用いられることが多いです。試験そのものの詳細な情報は公式サイトをご覧ください。

TOEFL iBT は、一般的な日本人にとって極めて困難なテストです。よく「日本人は Reading と Listening は得意だが、Speaking や Writing は苦手である」と言われます。ところが、早慶国公立などの難関大学に合格するレベルの学生でも、Reading や Listening で高得点を取ることは容易ではありません。さらに Speaking や Writing に関しては、ほとんどの日本人が苦手意識を持っているでしょう。

英語で自分の意見を主張する、データをまとめる、という経験を積んでいない人にとっては、TOEFL の Speaking と Writing セクションはパフォーマンスが出しにくいセクションになりがちです。また、英会話自体は経験がある、英文メールは書いたことはある、という場合であっても、TOEFL は「アカデミックな英語」を中心としたテスト内容になっていますから、専門性の高い内容の英語であっても、一定のレベルで対応できるようにしておかなければいけません。英語ネイティブでも困ってしまう場合もあります。

このように非常に難しい試験ですが、裏を返せば 100 点以上取ることができれば、英語の基礎力が身につきつつあることを証明できるわけです。壁は高いですが、頑張りましょう！

試験を受ける上でのアドバイス

1. 体調を整える

TOEFL は、朝に始まる試験です。十分な睡眠と、適度な朝食を必ず取りましょう（朝ごはんを食べすぎると眠くなるかもしれません）。3 時間半にわたる試験はある種のスポーツです。コンディションを整えてから受けることにより、より良い結果が望めるでしょう。

2. 早く会場に向かう

ほとんどの会場では、到着した順に試験を開始します。言い換えれば、試験は一斉開始ではありません。そのため、遅く到着すると、他の人がスピーキングをしている中で、リスニングを聞くという可能性が生じます。これは、リスニングの点数を著しく下げる可能性があるため、なるべく早く会場に向かいましょう。

3. 試験会場に向かうまで

確実に理解できる音声を聞きながら向かうのが良いでしょう。本書の音声や公式問題集の音声などを聞くことにより、本番をイメージしつつ、知識を確認できます。わからない音声を聞き流すことは無意味なので、必ず理解できるものを聞きましょう。

4. 試験会場で

読んだことのある英文を復習することをお勧めします。できれば本書の英文や公式問題集の英文が良いでしょう。できれば、何度も復習したがためにスムーズに読むことができる英文を読み、頭を活性化しましょう。

5. 試験中

多くの受験者にとっては、英語で上手く話せるか？　という問題以前に、周りに人がいる状況で堂々と英語で話す、自信を持って英語を話す、ということ自体が気持ち的に難しい、という状況もよく見受けられます。周りも皆自分で精一杯で、誰も他の受験者のパフォーマンスに集中して、一喜一憂している人はいません。試験会場で英語の実力を上げることはできないので、それまでに練習してきたベストが出せるよう、自分の Speaking に集中しましょう。Writing においては、慎重になりすぎていつもよりタイピング速度が落ちる、という傾向が多くの受験者に見られますので、時間と単語数を定期的にチェックしながらペースを保って書き進めていきましょう。

6. 休憩中

Listening セクションが終わり、Speaking セクションに入る間に 10 分間の休憩が許されます。ここでは休憩を取り、できれば適切なレベルの糖分も取りましょう。休憩後は、新しいメモ用紙が必要な場合には試験官にお願いしましょう。休憩終了から Speaking 開始までもメモは取れますので、スムーズに話しやすくするための簡単なメモ、自分への注意書きなどはしておきましょう。「落ち着いて喋る！」「三単現の s を忘れない！」などの自分へのメモを取っておくといいかと思います。

7. 試験終了後

その日の感想や試験内容を可能な限り記録しておきましょう。自分の感触と実際の試験結果がかみ合わないことが良くあります。記録を付けることにより、手ごたえを正確に把握することができます。

8. 試験結果

約 2 週間後に Web で発表されます。どきどきしながら待ちましょう。納得のいかない結果の場合は、リスコア（rescore）＝ 再採点を依頼することができます。詳細は公式サイトをご覧ください。

傾向と対策

大きな変更としては、2019年8月以降にSpeakingの問題が6問から4問に減った（Writingは問題数にも時間にも変更なし）、という変化がありましたが、現時点（2021年10月31日現在）において形式変更は行われていません。一方で、問題の傾向は変わってきています。

出題問題の傾向：問題文の長文化

Speaking、WritingともにIndependentタスクでは問題文の長さが長くなるケースが目立っています。たとえば、最近では以下のような長さのWriting問題が出るようになりました。

> College students are often required to declare their major. Some declare their major immediately after they enter college, or even before their school life begins. (They can do so by specifying their intended major at the time of college application.) Others keep taking general classes and wait for a few terms before they officially declare their area of interest, trying to carefully determine what they really want to specialize in. Which approach do you believe is better for you, and why?

以前はこれほど長くなく、以下のように簡潔な問題文で出題されていました。

> Some college students declare their major when they enter college while others wait for a few terms before they do so. Which do you think is better, and why?

これらの問題の内容は基本的には同じです。しかし上記を比較して一目瞭然のように、問題文は長くなる傾向が見られています。ここで注意したいのは、長くなった問題文をしっかり読んでエッセーの内容を考える、という点です。長い文章の中に or even before their school life begins というフレーズが入っています（短い簡潔なバージョンには入っていません）。無視せずに、この要素もエッセーに入れていくことが望ましいです。「大学に入るときに専攻を決めるメリットは…」と論点を絞らず、「大学に入る時点で、または出願時点で専攻を決めておくメリットは…」と論じた方が望ましいと言えます。長くなっている問題文には、それなりにヒントとして使いたい・使われるべき情報が多く詰まっています。それらを無視せず、適切なレベルでエッセーに盛り込んでいけるかどうか？　が高得点への鍵になります。

問題文にある内容をどこまで拾う？

これは判断が難しいところかもしれません。長い問題文のすべての情報を詳細にエッセーに入れていくことは事実上不可能ですから、「適切なレベル」で含めていくことになります。上記の例では、general classes、carefully determine のコンセプトもぜひエッセーでは短くてもいいので言及したいところです。ただ、general classes（一般教養のクラス）の詳細を

くどくどと書き綴ってもそれは行き過ぎです。読み手目線で見たときに、過度ではなく不足もない、適切なレベルで問題文の情報をエッセーに反映できる人ほど高いスコアが出せます。

Speaking の Independent タスクでも、問題文は長文化の傾向なので、いずれのセクションでも、問題文をしっかり読んでから書く・話す内容を考える練習をしておきましょう。

　　＊ Integrated タスクにおいては、いずれのセクションにおいても、問題文が長くなっているという顕著な傾向は見られていません。

採点の傾向

採点基準にも変化が見られています。最も影響が大きいのは、事前に準備・記憶した解答への厳しい減点です。「事前に作っておいた話をそのまま無理やりエッセーやスピーチで使用したのかな？」と採点員が感じてしまうものは大きく減点されています。以前からこの傾向は見られていましたが、さらにこの傾向は強くなっています。試験中、スクリーン上に Do not use memorized examples. という警告が表示されているくらい、ETS は事前準備された答えを嫌っています。規定路線の話をテンプレート的に使用している方は注意しましょう。もちろん、書きやすい、話しやすい話の流れを持っておいて練習しておく、という準備自体は問題ありません。しかし、以下のような example は絶対に NG です。

> For example, according to a survey conducted by the UN in 2018, the number of children who are suffering from chronic hunger rose by 5% in the last decade, and this trend has been continuing since then. It is obvious that we should allocate more funds to this problem.

事前に準備してきたものを使ったな、というのが読み手側に伝わってしまいます。何年か前に出された報告書の内容を詳細に覚えているわけがない、と読み手は思います。こうした内容は大きな減点を招きます。失点されないように、以下のようにすべきです。

> We often hear some news reporting on chronic hunger spreading among young generations. I have seen some documentary movies, reports, and journals that detail how profound this problem really is. It is obvious that we should allocate more funds to this problem.

この２つの例の主旨は同じです。しかし、読み手が受ける印象は違うはずです。その場で考えて書いたエッセーとしては前者は不自然、後者はより自然です。後者のような文章を書けるように練習しておきましょう。これは Speaking においても同様です。

　　＊仮に詳細なデータを本当に知っていて、それがエッセーを書いているときに頭に浮かんできた、という場合があったとしても、読み手目線では不自然に見えてしまうということには変わりないので、読み手目線で考えたときに不自然と捉えられるリスクがある内容は排除しておくことが望ましいと言えます。

本書のコンセプト・使い方

本書のコンセプト

本書の特長は「著者の思考法を追体験する」というものです。スピーキング・ライティングの模範解答を示すだけではなく、どのようにメモを取ったのかを図示し、解説部分ではどういった思考でその解答を導いたのかを提示しています。これにより TOEFL iBT で 100 点以上を取るためにどういったことを意識すれば良いのかがわかるようになっています。

本書の使い方

スピーキング

まず、問題を解きます。与えられた準備時間や解答時間を守って解いてください。その際に音声を録音することをお勧めします。受験時にメモを取る方はメモも本番の試験と同じように取りましょう。その後、模範解答・解説を読みます。Integrated の聞き取れない場所があった場合はスクリプトを読んで理解しても構いません。解説を読みどういったプロセスをたどるべきだったのか、どういったポイントを解答に入れるべきだったのかを理解します。さらに、模範解答の中から使える表現やテクニックを吸収します。本番の試験で使う表現をたくさん詰め込み、語注もあるので是非参考にしてください。

ライティング

こちらもスピーキングと同じように時間を計り、実際に問題を解きます。なるべく紙に書くのではなくコンピューターを使いタイピングで解いてください。時間内に見直しまでをすることができなかった人は、制限時間後でもいいので見直すことをお勧めします。文法やスペルミスを自分で発見できるようになることはとても大切です。なるべく自力で見つけられるだけ見つけましょう。解答・解説を読みます。Integrated の音声を聞き取れない場所があった場合はスクリプトを見て確認します。解説からたどるべきプロセス、解答に盛り込むべきポイントを理解します。その後、模範解答の中から使える表現やテクニックを覚えていきます。ライティングはスピーキングよりも難易度の高い表現を使うことが可能なのでぜひ難易度の高い語彙も使えるようにしましょう。

USA Club Web 学習の使い方

USA Club（著者 山内勇樹氏の運営する留学サポートセンター）のサイトで、本試験と同じように Web で本書の問題を解くことができます。

1. アカウントを作成する

アカウント作成ページにアクセスします。
「**eytester.com**」にアクセスして、メールアドレスとお名前を入力してください。アカウント作成後、入力されたメールアドレスに、ログイン情報をお送りいたします。

＊アカウント作成には通常 2～3 営業日かかります。また大型連休や年末年始、お盆の期間中などは、通常よりも日数を要しますので、予めご了承ください。

＊メールでログイン情報が送られてこない場合は、迷惑メールに振り分けられるなど何かしらの原因で届かなかったことが想定されます。メールでの問い合わせは、同様に不達となる可能性があるため、専用の LINE (https://lin.ee/8i9ycYc) にてお問い合わせください。

2. ログインする

ログインページにアクセスし、ログイン情報（ログイン ID とパスワード）を入力し、「ログイン」をクリックします。

＊アクティベーションコードを聞かれた場合は以下をご入力ください。
buffet-edu

3. 問題を選ぶ

トップページにある左メニューの 「ディレクトリー」 から、「極めろ！TOEFL iBT テスト　スピーキング・ライティング解答力」を選択します。

【重要】録音にあたり
スピーキングにおいては、マイクが必要です。内蔵マイクでも外付けでも構いません。マイクが内蔵・接続されている場合は、録音の環境チェックが行われます。赤い丸の録音開始ボタンを押してマイクに向かって話してください。バーが上下していれば正常にマイクが反応しています。録音が終わったら、緑の上向きの矢印で録音した音声をアップロードしてください（アップロードした音声は後で自分で聞くことができます。アップロードしなければ正常に問題を提出することができませんのでご注意ください）。

4. 問題を解く

取り組む問題を選択して、「受講」をクリックして、問題を解き始めることができます。解答後、「次のページへ進む」をクリックし、さらに次のページで「提出」をクリックしてください。解答を提出すると、自分が書いたエッセー、スピーチの確認ができます。「受講完了」を押して、解答を終了してください。

＊「受講完了」を押して完了させてください。

＊採点、添削はされません。

＊同じ問題を複数回解くことも可能です。

5. 自分の解答をレビューする

トップメニューの下にある「成績」をクリックします。これまでに解いた問題の一覧が表示されています。解いた問題のタイトルをクリックすると、自分の書いたエッセー、吹き込んだスピーチをレビューすることができます。自分で自分のライティング、スピーチを見直すことは有効ですので、効果的なスコアアップのためにご活用ください。

「Web 学習の使い方」についてのお問い合わせ先

usaclub@sapiens-sapiens.com

音声について

音声無料ダウンロードについて

インターネットのつながるパソコン・スマートフォンで、以下のサイトにアクセスしてください。

https://www.3anet.co.jp/np/resrcs/565220/

Chapter 1

Speaking Section

Unit 1 スピーキングセクションの解答戦略
- TOEFL iBT Speaking Sectionの概要
- Independentの解き方
- Integratedの解き方

Unit 2 本試験形式問題演習　Set 1

Unit 3 本試験形式問題演習　Set 2

Unit 4 本試験形式問題演習　Set 3

アイコン一覧

トラック番号　録音開始　問題英文　模範解答　語句

| Unit 1 | スピーキングセクションの解答戦略 |

● TOEFL iBT Speaking Section の概要

・全体の問題数：4 問

問題 1：Independent

問題 2：Integrated

　　　（リーディング ＋ リスニング［会話］ ＋ スピーキング）

問題 3：Integrated

　　　（リーディング ＋ リスニング［講義］ ＋ スピーキング）

問題 4：Integrated

　　　（リスニング［講義］ ＋ スピーキング）

・スピーキング前に、準備時間がありメモを取ることができます。本書では「メモ例」
を掲載しています（問題 2 ～ 3）。

●問題の特徴と高得点を取るポイント

よくある質問にお答えする形で、スコア UP への大事なポイントを説明していきます。

＊受験や報告に基づく内容です（ETS 正式発表のものではありませんが、受験や実験を繰り返して
得られたデータや知見なので、現実的かつ実践的な情報です）。

[Independent の解き方]
採点基準において最も大事なのは？

ズバリ、いかに滑らかにテンポよく話せているか、です。繰り返し受験する中でわかったの
は、文法のエラーがなく、発音が良く、表現に幅を持たせたスピーチをしても、遅い速度で
話すと点数が著しく下がるということです。一方で、文法エラーが多少あり、発音に不正確
な部分があったとしても、スラスラと滑らかに話していると、点数が大崩れすることはあり
ません。滑らかにテンポよく話す、という練習が大事です。

どういう話し方が点は出やすい？

「テンポよく話す」というのは、「できるだけ早く話す」ということではありません。日常生
活で話すスピードで十分です。WPM の目安として、1 分間に 100 ～ 140 単語だと思って
ください（目標点や問題などの要素で上下します）。注意するポイントは、この単語数を「つ
なげて滑らかに喋る」です。たとえば、I like it. であれば、「アイ・ライク・イッ」と単語が分
かれた話し方よりも、「アイライキッ」と発音するほうが当然望ましいです。もちろんすぐに
はできないかもしれません。でも、だから練習するのです。

Speaking Section

話す内容はどのくらい重要？

内容はもちろん大事です。Independent は意見を述べる問題なので、与えられた問題にちゃんと答えられているか、ということが点数に大きく影響します。前述の「滑らかにテンポよく話しているか」という基準に続いて2番目に大事なのが「内容」です。わかりやすく話せているか、論理的に通らないことを言っていないか、トピックから外れていないか、という観点でパフォーマンスを上げていきましょう。ただ、注意しなければいけないのは、内容が良くても、十分なスピードがなければ点数が出ないので、内容にこだわり過ぎて失速するという本末転倒にはならないようにしましょう。

賛成・反対の理由は1個、2個どちらがベスト？

どちらが採点で有利というのはありません。自分の意見を説明するのに理由は1個でも2個でも（なんなら3個でも）構いません。滑らかにテンポよく、わかりやすい内容で話すためには自分はいくつ理由を掲げるのが話しやすいか、ということが重要です。簡単に理由を2個出せるということなら、「あの理由でも、この理由でも」とテンポよく話し続けることができるでしょう。一方で、理由が1つしか思い浮かばないのに、無理やり2つ話そうとすると、途中で何を言えばいいのかわからなくなって、話が止まってしまいます。そうであれば、1個の理由を落ち着いてわかりやすく、よどみなくなく話し終えた方が点数は出ます。どちらの方がより高い WPM で滑らかに話しやすいか？　という自分の判断基準で決めましょう。

For example は必須？

はい、必須です。そもそも多くの問題に、Use specific details and examples to support your opinion. という文言が入っています。入れなさいという問題作成者である ETS の指示です。もしその文言が入っていなくても、例を入れて話しましょう。例を入れたほうが、滑らかにテンポよく話しやすいですし、相手にも伝わりやすい内容になります。

For example の数は？

賛成・反対の理由は1個でも、2個でも構わないと前述しました。例の数についてはどうでしょうか？　私の経験則では、以下のいずれでも採点時の優劣はありません。本書の「模範解答」で確認してみてください。

・理由2個　事例2個	・理由2個　事例1個
・理由1個　事例2個	・理由1個　事例1個

Unit 1 スピーキングセクションの解答戦略

テンプレート（雛形）は使っていい？

「あ、これ予め作った話を読み上げているだけだな」と感じるかどうか、これが判断基準です。そう感じられるテンプレートは NG、そう感じられない自然な流れになっていれば大丈夫です。ただ、あくまで聞き手目線での判断です。設問で問われたことと乖離している内容なのに流暢に話していると、テンプレートを読み上げているのだろうかという印象が強くなります。一方で、I personally prefer to .... というイントロや、For these two reasons, I agree with the opinion that .... という結論など、構造部分で雛形表現が使われているのは問題ありません。

効果的な学習法は？

話す練習をするときに、常に改善を意識してください。改善する際のポイントとして以下を挙げておきます。
1. 「ああ」、「んん」、沈黙をできるだけ減らす。
2. 難しいことを言おうとしてクラッシュせずに、シンプルに滑らかに話そうとする。
3. 文中や文末で語尾を上げる「半疑問」というイントネーションを取り除く。

自分の声を録音して聞いてみましょう。改善点が明確になるはずです。

［Integrated の解き方］
高得点のために何が一番大事？

Integrated speaking においても、最も大事なのは「いかに滑らかにテンポよく話せているか」です。文法、発音、表現の幅、もちろんすべて大事です。一方で、話す単語数に制限があるとどうしても点数は上がり切らなくなります。高得点を目指す人ほど、最終的には「いかに滑らかにテンポよく話せているか」が鍵になります。さらに、「まとめるべき内容をちゃんと入れられているか」という要素がスコアに大きく影響します。

聞き取れなかったらどうすればいい？

Integrated は、読む、聞くというプロセスを経たうえでそれをまとめる、という問題なので、そもそもその内容が理解できていなければ正確に話しようがありません。では本番で聞き取れなかったらどうすればいいのか？　一番の NG は沈黙です。沈黙している時間は 0 点だと思ってください。1 分まるまる沈黙ならその Task は 0 点になります。少しでも話したら話した分、不完全でも間違っていても何点かはつきます。メモと記憶をもとに、「多分こんなことを言ってたんじゃないかな？」と予想でいいので、できる限り単語数を出しましょう。

18

Speaking Section

予想も創作も、理想ではないかもしれませんが沈黙よりは断然望ましいです。

> モットー：わからないから話さないではなく、わからなくてもできるだけ話す！

メモはどのくらい取る？

Reading 部分では 5 単語前後、Listening 部分では 8 ～ 15 単語のメモが目安です。もちろん、好み、スキル、理解度により前後します。少なすぎると話すときに話が思い出せないということになりますし、多すぎるとどれを使って話せばいいか判断できない、ということになってしまいます。また、メモを取りすぎると耳がおろそかになることもあります。少なすぎず多すぎずとなると、多くの受験者にとって指標になるのは、上記のメモ数です。

メモの取り方でお勧めはありますか？

基本的には「単語レベル」でメモをとっていきましょう。必要なら短い「フレーズレベル」のメモがあっても構いませんが、Listening したことを「文章レベル」で書くゆとりはないので、必然的に単語レベルでのメモが増えるはずです。単語レベルでメモをとり、そのメモを使って話を reproduce（再構築する）する練習が効果的です。また、記号や省略は実用的です。人口が増えている、なら increase population でも問題はないですが、popu ↑ のように短く表記したり、記号を使ったりするとメモの時間が短縮できます。最終的には自分がそのメモを見てわかれば OK です。

どの問題が配点は高い、ということはありますか？

ありません。Task 1 ～ 4、どの問題も同程度に配分されます。

Task 2 と 3 では、Reading 何割、Listening 何割で話す？

Integrated の Task 2 と Task 3 は、まず読んで、そして聞いて、そのまとめを 60 秒で話します。読む部分を何秒話す？　聞いた部分を何秒話す？　という質問です。理想としては、Task 2 も Task 3 でも、パッセージで読んだことは、最初の 15 秒程度で話しきってしまい、残りの時間は全て聞いたことをまとめる時間に使う、という配分がお勧めです。あくまで Summarize the talk という趣旨の問題なので、聞いたことをまとめるほうに長い時間を使います。ただし、読んだ部分のまとめが 10 秒であっても 20 秒であっても、それだけで減点理由にはなりません。

Unit 1 スピーキングセクションの解答戦略

最後に何秒か余った、足りていない、はどこまで許容される？

まとめるべきことをまとめてしまっている場合、5秒程度なら時間が余っていても減点には
ならないでしょう。また、最後にまだ言いたいことがあるのにどうしても時間に収まらず、
あと2〜3秒あれば完結できたのに、という解答が1つや2つあっても減点にはならない
でしょう（ETSの明確な説明はないので、経験に基づく分析です）。

> These are the reasons why the male student disagrees with the announcement.
> This is the example the professor used to explain the concept of ....

など、締めくくりの決め台詞を持っておいて、残り時間に合わせてスピード調整しながらこ
の台詞を言う、という方法で time management していくと効果的です。ただし、最後の締
めくくりが絶対必要というわけではありません。必要なら使う調整弁として持っておきまし
ょう。

テンプレート（雛形）は使っていい？

Integrated Speaking は、読んだ・聞いた内容をまとめなさい、というタスクですから、もと
もと準備して覚えてきた内容を話すという種類の問題ではありません。一方で、

> Two students are discussing this issue, and the female student basically agrees
> with the proposal. The first reason for her agreement is that ...

というように、予め準備できるものもあります。こういう表現を準備しておいて、適宜使う
ことは問題ありません。Integrated Speaking で使える便利なテンプレート表現は、本書の
「模範解答」を参照してください。また、書籍に掲載しきれないテンプレート表現は、WEB
学習ページでも掲載していきます。

20

Speaking Section

解き方 TIPS

スピーキングセクションは最も苦手な人が多いセクションです。限られた時間の中で点数になるポイントを詰め込まなければなりません。

しかし、英語と日本語は語順が全く違う言語です。ヨーロッパの言語話者たちは頭の中で自分たちの言語を英語に翻訳しながら話すことができます。それに対して僕たち日本人はそれができません。訳しながら解くと時間が余分にかかってしまいます。

そのため、頭から日本語を介さずに取り出せる「使える表現」をストックしておくことが大事になります。「こういう場合はこう答える」といった表現をなるべく多く持っておきましょう。たとえば「1つ目の理由は」といった表現はさまざまな設問で使えます。このとき、One reason is ... などは日本語を介さずすぐに出せるようにしておきましょう。まずは、それぞれの設問で使うことのできる表現を増やしていきましょう。

スピーキングの勉強法

まず大前提として、解き方 TIPS の部分で述べた「使える表現」を増やすことです。さまざまな問題に触れながら、どういった表現を使ったらいいのかを覚えていきます。いきなり英語を話すのは厳しいという人はまずは書いてみるというのも手です。その書いた表現を暗記してスピーキングで使えるレベルまで落とし込みましょう。何かしらノートやスマホのメモ機能などを使いメモしておくと試験の直前などにまとめて参照できるので便利です。

時間を測る。スピーキングは時間との勝負です。限られた時間の中で点数に結びつくポイントを話さなければなりません。そのため普段から時間を測る癖をつけましょう。本番でも時間の感覚はとても大切になります。1つ目のポイントを話していて、残り時間はこれくらいだから2つ目のポイントはこれくらいの時間で話しきらなければならない、といったペース管理ができるようになります。

ネイティブにチェックしてもらう。TOEFL 対策に学校を利用している人は先生に添削指導をしてもらうのがいいと思います。近くに誰もいない場合はオンライン英会話を使うこともできるでしょう。ただし、その場合は自己紹介に割く時間を極力少なくするのがコツです。同じことばかりを話していたら成長しません。まずはできる限り同じ先生を選ぶようにしましょう。次に、自分が主導権を握って喋るようにしましょう。講師の話していることを聞い

ているばかりではリスニングの力は上がるかもしれませんがスピーキング力を伸ばすことはできません。Independentであれば、その場で話して聞いてもらう、Integratedであればあらかじめ用意したものを聞いてもらい添削してもらうといいでしょう。これはライティングでも使える方法です。あらかじめ書いておいて添削してもらうといいでしょう。

Integratedに関してはスピーキング力だけでなく、リーディング、リスニング力も必要になります。特にリスニング力は大事になります。そこまで難しい表現はあまり出てこないのですが、音声スクリプトを利用して、自分の知らなかった表現は覚えていくようにしましょう。さらに、スクリプトの中には今後スピーキングやライティングの解答で使える表現が溢れています。これを使わない手はありません。「これ使える!」と思ったらどんどんメモしておきましょう。

そのほかアメリカの大学の場面が出てくるドラマや映画などを見て、アメリカの大学の場面が浮かぶようにしておくのも効果的です。場面が浮かぶとリスニングがとても楽になります。また、ドラマや劇中に出てきた表現も使えると思ったものはどんどん覚えていきましょう。自分はコメディーが好きだったのでCal Techのオタク学生たちを描いたThe Big Bang Theoryやコミュニティーカレッジの場面が出てくるCommunityなどを見ていました。

Speaking Section

Unit 2 本試験形式問題演習 Set 1

スピーキング問題 1 ⋯⋯ 24~34
　(Independent Task)
スピーキング問題 2 ⋯⋯ 36~49
　(Integrated Task: Reading + Listening)
スピーキング問題 3 ⋯⋯ 50~62
　(Integrated Task: Reading + Listening)
スピーキング問題 4 ⋯⋯ 64~76
　(Integrated Task: Listening)

＊問題毎に、模範解答と解説が掲載されています。

Unit 2 　本試験形式問題演習 Set 1

スピーキング問題1 ｜ Independent Task

Giving an Opinion

● 問題演習の流れ（下記の解答方法を必ずお読みください）

- □ スマートフォンや IC レコーダー等の録音機器を用意してください。
- □ 録音開始 ➡ 音声ファイル (SS1_01.mp3) スタート ➡ 問題英文音声 ➡ 準備 15 秒 ➡ 解答 45 秒 ➡ 録音終了 ➡ 解答の書き起こし　という流れで解答します。
- □ 15 秒間の準備の前に、Begin preparing your response after the beep. と音声が流れます。
- □ 45 秒間の解答の前に、Begin speaking after the beep. と音声が流れます。
- □ 45 秒のスピーキング解答時間は、「ピー」という音で終わります。

● WEB 解答方法

- □ 本試験と同様の方法で取り組みたい場合は、Web で解答できます。
- □ インターネットのつながるパソコン・スマートフォン等で、以下のサイトにアクセスして Web 上で解答してください。

eytester.com

- □ 操作方法は、P.11-12 の「USA Club Web 学習の使い方」をご参照ください。

Speaking Section

● 学習の記録

学習開始日	年　　　月　　　日	学習終了日	年　　　月　　　日

学習メモ ▶

....

....

....

....

....

....

....

学習開始日	年　　　月　　　日	学習終了日	年　　　月　　　日

学習メモ ▶

....

....

....

....

....

....

....

学習開始日	年　　　月　　　日	学習終了日	年　　　月　　　日

学習メモ ▶

....

....

....

....

....

....

....

25

Set 1

スピーキング問題1 | Independent Task | 問題

🎤 録音を開始してから、音声を流してください。

🔊 SS1_01

Do you agree or disagree with the following statement? All students in high school ought to participate in extra-curricular activities during summer breaks.

> **Preparation Time: 15 seconds**
> **Response Time: 45 seconds**

MEMO ▷

Speaking Section

MEMO ▷

⇨ 録音が終ったら、次ページに自分の解答音声を書き起こしてください。

Set 1

スピーキング問題1 | Independent Task | 書き起こし

録音した自分の音声を書き起こしてください。

Speaking Section

単語数と点数の目安 (Independent)

録音した自分の音声を書き起こしたら、単語数を数えてみましょう。単語数に応じたターゲットスコアがわかります。

☐ 110 〜：30 点　☐ 109 〜 100：27 − 29 点　☐ 99 〜 90：24 − 26 点
☐ 89 〜 80：21 − 23 点　☐ 79 〜 70：18 − 20 点　☐ 69 〜 60：15 − 17 点

＊点数は単語数以外のさまざまな要素で総合的に決まります。この単語数があればこの点数が出るのではなく、この点数を狙うのであればこの位の単語数が出せるようにしておきたい、という目安となる数字です。

set 1 スピーキング問題1 Independent Task 解説

> Do you agree or disagree with the following statement? All students in high school ought to participate in extra-curricular activities during summer breaks.

> 以下の意見に賛成ですか、反対ですか。「すべての高校生は、夏休み期間中に課外活動に参加すべきである」

- □ statement 意見、主張、声明 □ extra- …外の、…の範囲外の ex extra-curricular 課外の

模範解答① 🔊 SS1_01smpl1

> I agree with the idea that all high school students should take part in extra-curricular activities during summer vacations. The reason is that through the experience, students might be able to find what they really want to do in the future. Take my sister as an example. She joined a community service in which volunteers served food to homeless people. That made her realize the fact that there're a number of people in need in this world. And she decided to be a worker at UNICEF, which she is now. Thus, extra-curricular activities might allow students to find their right career path. (102 words)

私は、すべての高校生が夏休み中に課外活動に参加するべきであるという考えに同意します。その理由は、その経験を通して、学生は自分が本当にやりたいことを将来見つけることができるかもしれないからです。例として私の姉を挙げます。彼女は、ボランティアがホームレスの人々に食事を提供するコミュニティサービスに参加しました。そこで彼女は、この世界では多くの人々が困っているという事実に気づきました。そして彼女はユニセフで働くことを決心し、今も働いています。したがって、課外活動は、学生が自分にふさわしいキャリアへの道を見つけることを可能にするかもしれません。

- □ agree with the idea / statement 考え／声明に賛成する ➡ 前置詞 with は間違えやすいので注意。
- □ take part in = participate in …に参加する □ take X as an example X を例に挙げる

□ **volunteer** ボランティアをする・ボランティア ➡ 名詞では「人」の意味を表す。「行為」を表すときは volunteer work や volunteer activities とする。

模範解答 ❶ 解説レクチャー

高校の全学生が extra-curricular activities「課外活動」に参加すべきかを問われている問題です。「全員」「高校」「夏休み」と条件がついていることをきちんと理解しておかなくてはいけません。

模範解答 ① では、将来の指針を決めるのに役立つと述べ、家族の例を出しています。結論では find what they really want to do in the future の部分を find their right career path と言い換えています。

模範解答 ❷　 SS1_01smpl2

I don't think it's a good idea that all high schoolers should be engaged in extra-curricular activities during summer vacations. This is because the summer break is a time for students to relax and forget about their studies, and in return, reenergize themselves. For example, my older brother last year had a great time during the summer break and this refreshed him, which led to an exponential increase in his grades. On the other hand, I joined an internship program and spent the whole summer working. I was stressed out most of the days, and once school started again, the remaining fatigue substantially lowered my grades.
(106 words)

すべての高校生が夏休みに課外活動に参加すべきであるという考えは良くないと思います。なぜなら、夏休みは学生がリラックスして勉強を忘れ、その結果、元気を取り戻すための時間だからです。たとえば、兄は去年、夏休みに素晴らしい時間を過ごしてリフレッシュできたことが、成績の急激な向上につながりました。一方、私はインターンシッププログラムに参加し、夏の間ずっと働きました。私はほとんど毎日、ストレスを感じていました。そして学校が始まると、たまった疲労のために私の成績は大幅に下がりました。

Set 1　スピーキング問題1　Independent Task　解説

- □ high schooler ハイスクールの生徒　□ be engaged in …に従事する　□ in return お返しに
- □ reenergize …に再び精力を与える　□ exponential 急激な　□ grade 生徒の成績
- □ be stressed out ストレスで疲れ切っている　□ fatigue 疲労
- □ substantially = significantly = considerably 相当に　➡「増える」「減る」など変化を表す語句とよく使われる。

模範解答 ❷　解説レクチャー

模範解答 ② では「夏休み」という条件部分を否定しています。リラックスするのが大事と述べた上で、リラックスした家族とインターンシップをした自分の経験を対比し、その結果、成績に影響が出たことを述べています。このように対比をうまく使うと説得力の高い解答を作ることができます。

🚩 模範解答 ❸　🔊 SS1_01smpl3

Well, I disagree with the given statement. I admit that taking part in extra-curricular activities offers students opportunities to acquire new skills that we cannot learn in classrooms. However, this does not necessarily mean that all students should participate in the activities. Obviously, interests and priorities differ from student to student. For instance, some students may be engaged in long-term, intensive research. In other cases, students are busy with summer classes. For such students, I believe it is more worthwhile to focus on what they want to do or have to do rather than participate in extra-curricular activities. (98 words)

えー、私はその意見に同意しません。課外活動に参加することによって、生徒は教室での学習では得られないスキルを身につけることができるとは思います。ただし、すべての生徒が参加すべきということには必ずしもなりません。関心や優先順位は明らかに生徒ごとに異なります。たとえば、ある生徒たちは長期にわたる大変な研究に携わっているかもしれません。別のケースでは、生徒は夏学期のクラスで忙しいかもしれません。そのような生徒たちにおいては、課外活動に参加するよりも、したいこと・すべきことに集中する方がより価値があると思います。

- □ disagree with (意見など) に同意しない　□ acquire skills 技能・技術を身につける
- □ obviously 明らかに　□ be engaged in …に携わっている　□ intensive 徹底的な

- ☐ worthwhile やりがいのある、値打のある ☐ focus on …に集中する、…を重視する

模範解答 ❸ 解説レクチャー

I admit ... の admit は、反対側の意見の利点を認める際によく使用される単語です。反対意見の紹介は、特に自身の主張の根拠の分量が少ない場合、解答全体の分量、加えて解答時間の調整に役立ちます。なお、I admit 以降で、問題英文の表現をそのまま繰り返すのではなく、participate を take part in に置き換えるなどすると、文にバラエティを持たせることができます。また、主張を述べた後に、For instance ... などで自身の主張をサポートする例を紹介すると、解答に具体性を持たせることができます。

🏳 模範解答 ❹   🔊 SS1_01smpl4

I agree with the given statement. The first reason is that, by participating in extra-curricular activities, we can talk with people from many different generations. And from the conversation, we can learn various ways of thinking. For example, when I was a high school student, I talked with many elderly people through some activities. They had lots of experience and I could learn new perspectives. This was a very meaningful experience because I came to think in a flexible way. The second reason is that we can gain practical knowledge or experience. I often climbed mountains as a member of a student club. I could see a variety of insects and plants. I had learned biology, but in addition to that, I was able to see real nature with my own eyes. Those are the reasons. (136 words)

その意見に賛成です。最初の理由は、課外活動に参加することにより、多くの異なる世代の人と話せるからです。そしてその会話からさまざまな考え方を学ぶことができます。たとえば、私は高校生だった時に多くのシニアの方と活動を通じて話しました。皆さん多くの経験がおありで、新たな知見を学べました。柔軟に考えられるようになったので、意義のある経験でした。2つ目の理由は、現実的な知識や経験を得られるというものです。私はクラブの一員としてよく山に登りました。さまざまな昆虫や植物を見ることができました。生物学を学んだことはありましたが、それに加え、自分自身の目で本当の自然を見ることができました。これらが理由です。

Set 1 スピーキング問題1 | Independent Task | 解説

- □ elderly 年配の、高齢者の □ perspective 考え方、視点 □ in addition to …に加えて

模範解答 ❹ 解説レクチャー

このサンプル解答では、理由も事例も2つずつ挙げています。アイデアがさっと出る場合であれば、このような展開も可能です。情報量が増えるので、単語数も増えますが、一方で話すスピードやfluencyが上がるということにもつながるので、アイデアが上手く出れば高得点が狙えます。このスタイルで話す場合、1つの理由、事例を深掘りせず、話しをシンプルに前に前に進めていきます。

Speaking Section

学習メモ

Unit 2 　本試験形式問題演習 Set 1

スピーキング問題2 | Integrated Task

An Article and Conversation between Two Speakers

● **問題演習の流れ（下記の解答方法を必ずお読みください）**

☐ スマートフォンや IC レコーダー等の録音機器を用意してください。

☐ 録音開始 ➡ 音声ファイル（SS1_02.mp3）スタート ➡ 問題英文リーディング 45秒 ➡ 問題英文リスニング ➡ 準備 30 秒 ➡ 解答 60 秒 ➡ 録音終了 ➡ 解答の書き起こし　という流れで解答します。

☐ 45 秒間のリーディングの前に、Begin reading after the beep. という音声が流れます。

☐ 45 秒間のリーディング時間は、「ピー」という音で終わり、リスニング音声が続けて流れます。

☐ 30 秒間の準備の前に、Begin preparing your response after the beep. と音声が流れます。

☐ 60 秒間の解答の前に、Begin speaking after the beep. と音声が流れます。

☐ 60 秒のスピーキング解答時間は、「ピー」という音で終わります。

● **WEB 解答方法**

☐ 本試験と同様の方法で取り組みたい場合は、Web で解答できます。

☐ インターネットのつながるパソコン・スマートフォン等で、以下のサイトにアクセスして Web 上で解答してください。

eytester.com

☐ 操作方法は、P.11–12 の「USA Club Web 学習の使い方」をご参照ください。

Speaking Section

● 学習の記録

学習開始日	年　　　月　　　日	学習終了日	年　　　月　　　日

学習メモ ▶

....

....

....

....

....

....

学習開始日	年　　　月　　　日	学習終了日	年　　　月　　　日

学習メモ ▶

....

....

....

....

....

....

学習開始日	年　　　月　　　日	学習終了日	年　　　月　　　日

学習メモ ▶

....

....

....

....

....

....

37

Set 1 スピーキング問題2 | Integrated Task | 英文 / 音声 / 問題

🎤 録音を開始してから、音声を流してください。

🔊 SS1_02

Reading Time: 45 seconds

Opening a Vegetarian Food Stand

The student services department of Orange Valley College is pleased to announce the opening of a vegetarian food stand in the cafeteria. The school has been welcoming an increasing number of students, which has led to the necessity of providing cafeteria meals for a more diverse range of students. We have been receiving requests for more food options for vegetarians. The designated food stand will open in our main cafeteria starting next month. Initially, the number of menu items might be limited, but it is expected to increase over time.

The woman expresses her opinion about the opening of a vegetarian stand in a cafeteria. State her opinion and explain the reasons she gives for holding that opinion.

Preparation Time: 30 seconds
Response Time: 60 seconds

Speaking Section

MEMO

⇨ 録音が終ったら、次ページに自分の解答音声を書き起こしてください。

Set 1

スピーキング問題2 | Integrated Task | 書き起こし

録音した自分の音声を書き起こしてください。

Speaking Section

単語数と点数の目安（Integrated）

□120～：30点　□119～110：27-29点　□109～100：24-26点
□99～90：21-23点　□89～80：18-20点　□79～70：15-17点

スピーキング問題2 | Integrated Task | 解説

Opening a Vegetarian Food Stand

The student services department of Orange Valley College is pleased to announce the opening of a vegetarian food stand in the cafeteria. The school has been welcoming an increasing number of students, which has led to the necessity of providing cafeteria meals for a more diverse range of students. We have been receiving requests for more food options for vegetarians. The designated food stand will open in our main cafeteria starting next month. Initially, the number of menu items might be limited, but it is expected to increase over time.

ベジタリアンのためのフードスタンド　近日オープン

オレンジバレー大学学生支援課は、このたびカフェテリアにベジタリアン向けのフードスタンドが新設されることをお知らせいたします。当大学は、これまで多くの学生を受け入れてきました。その数はますます増えており、さらに多様な学生に食事を提供する必要があります。学生支援課には、ベジタリアン向けのメニューを増やしてほしいというリクエストが寄せられてきました。フードスタンドは、来月よりメインのカフェテリアにて営業を開始します。当初はメニューが限られるかもしれませんが、徐々に増えていく予定です。

- [ ] be pleased to *do* 喜んで…する　☐ food stand フードスタンド
- [ ] an increasing number of ますます増えている…　☐ lead to …につながる
- [ ] necessity of …の必要性　☐ provide A for B BのためにAを提供する
- [ ] diverse range of 多種多様な…　☐ designated 指定された　☐ initially 当初は
- [ ] be expected to *do* …する予定だ

スピーキング問題2 | Integrated Task | Listening Script

Speaking Section

🔊 SS1_02script

M: Did you hear about the announcement of the vegetarian food stand opening in the cafeteria?

W: Yes. I mean, finally! You know how much I've been looking forward to this, right?

M: Yup, you've always been complaining about the lack of vegetarian food, but now you don't have to.

W: Exactly. I've had to bring my own meal to school every day, which was a hassle. It was just inconvenient.

M: It's just not practical to bring your own meal every day, is it?

W: Right. Of course there are some vegetable dishes available in our cafeteria. But the thing is, I have to ask each time whether the particular dish contains vegetables only. You know, sometimes it's not instantly clear whether the dish includes meat or not.

M: That's something I've never thought about, since I like eating meat.

W: I think most students are fine with meat, but some students are concerned about what they eat.

M: I see. Why else do you think the school finally got a vegetarian menu?

M: カフェテリアにベジタリアン向けフードスタンドが新設されるというニュースを聞きましたか。

W: はい。やっとできますね。私がどれだけこの知らせを心待ちにしていたかわかりますよね。

M: はい。いつもベジタリアン向けのメニューがないことに不満を言っていましたね。でも、もう不満を言う必要もありませんね。

W: その通りです。弁当を学校へ毎日持ってくる必要があり、面倒で全く不便でした。

M: 弁当を毎日持ってくるのは全然現実的じゃないですよね。

W: そうですよね。もちろん、カフェテリアには野菜料理もありますが、毎回この料理には野菜しか使われていませんかと聞かないといけないんです。だって料理に肉が使われているかいないかすぐにわからないことがあるんですよ。

M: 私は肉を食べることが好きなので、そんなことを考えたことはありませんでした。

W: ほとんどの学生は肉を食べることを気にしないと思うのですが、食べるものに気を使っている学生もいます。

M: なるほど。ほかにどんな理由で、学校はやっとベジタリアン向けのメニューを導入したと思いますか。

43

Set 1 — スピーキング問題2 | Integrated Task | Listening Script

W: Well, as we all know, the number of students has been increasing greatly. This will keep increasing, and so will the number of vegetarians. Our cafeteria doesn't have enough capacity or food options for vegetarians EVEN NOW. We'll need more food stands for vegetarians sooner or later. And it's better to make one sooner rather than later.

M: I guess you have a point. And it's good that our school is trying to take requests from students really seriously.

W: I agree with that. Oh, I really can't wait until next month.

W: そうですね、みんな知っている通り、学生数はかなり増えてきました。その数は増え続けるでしょうし、ベジタリアンの数もまた増えるでしょう。今でさえ、カフェテリアのベジタリアンへの対応や、ベジタリアン向けのメニューは十分ではありません。遅かれ早かれ、ベジタリアン向けのフードスタンドは必要になってきます。どうせ作るのならば遅いよりは早い方がいいでしょう。

M: 一理あると思います。それに、学校が学生からの要望を本当に真剣に受け止めようとしているのは好ましいことですよね。

W: その通りです。ああ、来月まで本当に待ちきれません。

- □ yup □語で yes のこと = yep。　□ hassle 厄介なこと、面倒なこと
- □ the thing is (that 節, to *do*) 問題は（なんと言っても）…ということだ
- □ have a point もっともである

> The woman expresses her opinion about the opening of a vegetarian stand in a cafeteria. State her opinion and explain the reasons she gives for holding that opinion.
>
> 女性は、カフェテリアにベジタリアン向けのフードスタンドをオープンすることについて意見を述べています。彼女の意見を述べ、彼女がその意見を持っている理由を説明してください。

- □ state …を述べる　□ hold an opinion 意見を持っている

スピーキング問題2 Integrated Task 解説

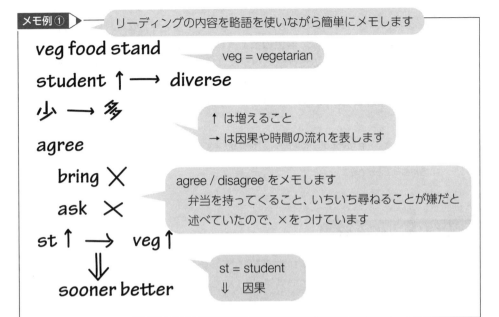

模範解答① 🔊 SS1_02smpl1

The announcement states that the student services department will open a vegetarian food stand in the college cafeteria. The woman is totally in favor of the decision. First off, thanks to this, she won't have to bring her own meal to school anymore. Even though there are some vegetable dishes there, she always has to ask whether they contain any meat or not. In addition, as the announcement says, the number of students will continue increasing, as will that of vegetarians. Therefore, she thinks it is better to have food stands for vegetarians as soon as possible. Then the college cafeteria will be able to offer sufficient food options to vegetarian students. (112 words)

お知らせは、学生支援課が大学のカフェテリアにベジタリアン向けフードスタンドを開くと述べています。女性はその決定に全面的に賛成しています。まず、これにより、彼女は弁当を学校に持ってくる必要がなくなります。そこには野菜料理がいくつかあ

Set 1 スピーキング問題2 Integrated Task 解説

りますが、彼女はいつも肉が少しでも入っているかどうかを尋ねなければなりません。さらに、お知らせにあるように、学生の数と同様に、ベジタリアンの数も増え続けます。したがって、彼女はできるだけ早くベジタリアンのためのフードスタンドができた方が良いと考えています。そうすれば、大学のカフェテリアはベジタリアンの学生に十分な食事の選択肢を提供できるようになります。

- ☐ cafeteria 学食 ☐ in favor of …に賛成の ☐ first off まず ☐ dishes 料理
- ☐ as + 助動詞 + S　Sも…である ➡ So do I. So am I. などは有名であるが、so の部分を as にして、文中で同じように使うことができる。

模範解答 ❶ 解説レクチャー

冒頭でリーディングの内容に触れ、女性が賛同していることを述べます。そして彼女が述べた現状への不満が2つあるので欠かさず述べましょう。

次の、学生数が増えているという理由は、リーディングにも出ていたためそのことについても触れています。

Speaking Section

メモ例②

Ⓡ School

veg food stand

students ↗

requests

_____

F   M

Ⓛ agree

① bring meal

hassle

inconvenient

ask each time

_____

② # students ↗

keep ↗

vegetarians ↗

sooner better

Set 1 スピーキング問題2 | Integrated Task | 解説

📢 模範解答② 🔊 SS1_02smpl2

According to the reading passage, the school is planning to open a new vegetarian food stand. The female student welcomes this plan. According to her, the school currently offers only a limited selection of vegetarian food and this is inconvenient for vegetarian students. Moreover, when ordering a dish, students have to confirm if the dish is really meat-free because it's not immediately evident if that's the case. Also, referring to the potential increase in the number of vegetarians due to the increasing number of overall students at the university, she says that there will be a need to open a food stand specifically for vegetarians eventually and opening it now rather than later is better. She explains that the vegetarian menu is not sufficient even today, so it's clear that the cafeteria will not be able to accommodate the needs of the increased number of vegetarian students in the future. (150 words)

文章によると、学校は新しいベジタリアン向けフードスタンドの開設を計画しています。女性生徒はこの計画を歓迎しています。彼女によると、学校は現在、ベジタリアン向けのメニューは限られた数しか提供しておらず、これはベジタリアンの学生にとって不便です。さらに、料理を注文するとき、学生はその料理が本当に肉を含まないかどうかすぐにはわからないので、確認しなければなりません。また、大学全体の学生数の増加によるベジタリアンの増加の可能性に言及し、いずれベジタリアン専用のフードスタンドを開く必要があるのだから、後ではなく今すぐ開く方が良いと彼女は言っています。彼女は、今もベジタリアン向けのメニューが十分ではないことを説明しているので、カフェテリアが、将来増加するベジタリアンの学生のニーズに対応できなくなることは明白です。

Speaking Section

□ according to …によれば　□ -free（名詞につけて）…のない　□ immediately 直ちに　□ evident 明白な
□ refer to …に言及する　□ potential 潜在的な　□ due to …が原因で　□ overall 全部の
□ specifically 特に　□ eventually 結局　□ rather than …よりはむしろ　□ sufficient 十分な
□ accommodate（要望など）に応じる　□ increased number of 増加した…

模範解答 ❷ 解説レクチャー

welcome … は、be happy about … と同義の表現で、Integrated Speaking において、話者がある事柄に好意的な意見を持っていることを表すのに便利な表現です。

また、話者の意見を紹介する目的で、according to … を使用しています。似た表現に as mentioned by … があります。Integrated Speaking では、say を多用する傾向がありますので、上記表現を使用することで解答にバリエーションを持たせることができます。解答終盤では、同様の目的で explain を使用しています。話者の発言の引用に便利な単語にはその他、claim、maintain、assert などがあります。

Unit 2　本試験形式問題演習 Set 1

スピーキング問題3 ｜ Integrated Task

A Short Passage and Lecture

● 問題演習の流れ（下記の解答方法を必ずお読みください）

- □ スマートフォンや IC レコーダー等の録音機器を用意してください。
- □ 録音開始 ➡ 音声ファイル（SS1_03.mp3）スタート ➡ 問題英文リーディング 45 秒 ➡ 問題英文リスニング ➡ 準備 30 秒 ➡ 解答 60 秒 ➡ 録音終了 ➡ 解答の書き起こし　という流れで解答します。
- □ 45 秒間のリーディングの前に、Begin reading after the beep. という音声が流れます。
- □ 45 秒間のリーディング時間は、「ピー」という音で終わり、リスニング音声が続けて流れます。
- □ 30 秒間の準備の前に、Begin preparing your response after the beep. と音声が流れます。
- □ 60 秒間の解答の前に、Begin speaking after the beep. と音声が流れます。
- □ 60 秒のスピーキング解答時間は、「ピー」という音で終わります。

● WEB 解答方法

- □ 本試験と同様の方法で取り組みたい場合は、Web で解答できます。
- □ インターネットのつながるパソコン・スマートフォン等で、以下のサイトにアクセスして Web 上で解答してください。

eytester.com

- □ 操作方法は、P.11–12 の「USA Club Web 学習の使い方」をご参照ください。

Speaking Section

● 学習の記録

学習開始日	年　　　月　　　日	学習終了日	年　　　月　　　日

学習メモ ▶

学習開始日	年　　　月　　　日	学習終了日	年　　　月　　　日

学習メモ ▶

学習開始日	年　　　月　　　日	学習終了日	年　　　月　　　日

学習メモ ▶

51

録音を開始してから、音声を流してください。

SS1_03

Reading Time: 45 seconds

Myside Bias

Myside Bias, also referred to as Confirmatory Bias, indicates people's tendency to selectively choose information that confirms their desires or expectations. Not all the decisions we make are based on logical and objective analysis; we are often biased. In scientific research, for example, researchers conduct experiments and test their hypothesis. Naturally, they have a certain degree of desire to prove or confirm that their hypothesis is correct. In such a situation, the so-called Myside Bias comes in. The researchers tend to collect information that supports their hypothesis or interprets ambiguous data in a favorable way.

Using the information from the lecture, explain Myside Bias.

Preparation Time: 30 seconds
Response Time: 60 seconds

Speaking Section

MEMO

⇨ 録音が終ったら、次ページに自分の解答音声を書き起こしてください。

スピーキング問題3 | Integrated Task | 書き起こし

➡ 録音した自分の音声を書き起こしてください。

Speaking Section

単語数と点数の目安（Integrated）

☐120 〜 : 30 点　☐119 〜 110 : 27 − 29 点　☐109 〜 100 : 24 − 26 点
☐99 〜 90 : 21 − 23 点　☐89 〜 80 : 18 − 20 点　☐79 〜 70 : 15 − 17 点

スピーキング問題3 | Integrated Task | 解説

Myside Bias

Myside Bias, also referred to as Confirmatory Bias, indicates people's tendency to selectively choose information that confirms their desires or expectations. Not all the decisions we make are based on logical and objective analysis; we are often biased. In scientific research, for example, researchers conduct experiments and test their hypothesis. Naturally, they have a certain degree of desire to prove or confirm that their hypothesis is correct. In such a situation, the so-called Myside Bias comes in. The researchers tend to collect information that supports their hypothesis or interprets ambiguous data in a favorable way.

マイサイド・バイアス

マイサイド・バイアスあるいは確証バイアスとは、自身の願望や期待を裏づける情報を選択する傾向のことを指します。私たちが下す決断は、すべてが論理的かつ客観的分析に基づいているわけではなく、しばしば偏っているものです。科学の研究を例にとってみましょう。研究者は実験を行い、仮説を検証します。彼らはどうしても、自身が立てた仮説が正しいことを証明したい、あるいはその裏づけが欲しいという願望をある程度持ってしまうものです。そのような状況下で発生するのがマイサイド・バイアスです。研究者は、仮説を立証したり曖昧なデータを都合よく説明したりする情報を収集する傾向があるのです。

- □ bias 偏見　□ refer to A as B AのことをBと呼ぶ　□ confirmatory 確証的な　□ tendency 傾向
- □ objective 客観的な　□ biased 偏見のある　□ hypothesis 仮説、議論の前提
- □ interpret …を説明する・解釈する　□ ambiguous あいまいな　□ favorable 好都合な、(意見が)好意的な

スピーキング問題3 | Integrated Task | Listening Script

Speaking Section

 SS1_03script

We just learned about a psychological term called Myside Bias. It means I will like something that is on MY SIDE, or something that confirms my opinion, essentially. The article discussed data interpretation in scientific research. Yes, researchers' decisions may be affected by their bias. However, Myside Bias affects not only researchers but also each one of us. Here is an example. I was personally thinking of replacing my old computer with a new one. You know, I wanted a cool, new model. Then I found a certain computer that seemed to meet my expectations. However, it was a bit more expensive than I hoped it would be, and I started gathering information about the computer, like... ratings from actual users and their comments… I wanted to read those users' comments in order to judge if I should buy the computer or not. From online sources, I was able to find a range of comments and ratings, but I liked the computer already so much that without noticing, I focused on reading positive comments more thoroughly and neglected negative comments. Somewhere in my mind, I was thinking that the computer was the best choice, and I wanted to confirm that I was right. Then I went: "Oh this comment is what I think too" or "This one is also on my side" or "See, this computer is the one I should buy." I tended to think this way while neglecting the negative comments.

私たちはマイサイド・バイアスという心理学用語について学びました。マイサイド・バイアスが何を意味しているかというと、本質的には自分の味方(my side)になるもの、あるいは自分の意見を裏付けるものを好むということです。論文では科学の研究におけるデータ解釈を検証しています。そう、研究者の決定はバイアスに影響を受けることがありえるのです。でも、マイサイド・バイアスは研究者だけでなく、私たち一人一人にも影響を与えます。例を挙げて説明しましょう。私事ですが、古いコンピューターを新しいものに買い替えようと考えていました。かっこいい新しいものが欲しかったのです。そして、私は期待に見合いそうなコンピューターを見つけました。けれども、そのコンピューターは期待より少し高かったので、実際に使っている人たちの評価やコメントなどの情報を集め始めました。買うべきか否かを判断するためにも、使っている人たちのコメントを読みたかったのです。インターネット上でさまざまなコメントや評価を見つけることができたのですが、私はすでにそのコンピューターをとても気に入っていたので、気がつかないうちに否定的なコメントを無視し、肯定的なコメントのほうを徹底的に読むことに集中していました。心のどこかでこのコンピューターが最良の選択だと考えており、自分が正しいことの裏付けが欲しかったのです。その結果、「ああ、このコメントは私が思ったことと同じことを言っている」、「これも私と同意見だ」、「ほらやっぱり、このコンピューターこそ私が買うべきものなんだ」と思うようになり、否定的なコメントを無視してしまっていたのです。

| Set 1 | スピーキング問題3 | Integrated Task | 解説 |

✎
□ psychological 心理学の □ interpretation 解釈・説明 □ affect …に影響を及ぼす
□ replace A with B A を B と取り替える □ rating 評価、クラス分け □ source 情報源
□ notice 気がつく、注意している □ thoroughly 徹底的に、入念に □ neglect …を無視する・軽視する

📄 Using the information from the lecture, explain Myside Bias.

講義からの情報を使って、マイサイド・バイアスを説明してください。

定義をメモっておきます。
話すときに言い換えが浮かばない場合、
そのまま読みます。
レクチャーでは具体例が出てきます。

メモ例①

Myside Bias
　　ppl's tendency to selectively
　　choose info that confirms
　　their desires or expectations
　　　　not just science

comp = computers

old comp
　高 ⟶ gather info
　　　　　‖
　　　　　choose ⊕ comments
　　　　　ignore ⊖

→ 時間の経過
‖ 具体的な内容を書きました
⊕ positive
⊖ negative

模範解答 ❶ SS1_03smpl1

According to the reading, Myside Bias is a concept describing the fact that people tend to selectively pick information which matches their desires and expectations in scientific research. The professor explains this can be seen not only in the science world but also in our daily life by citing his own experience as an example. One time, he wanted to purchase a new computer and found a cool one. Though it was a little more expensive than he'd expected, he began gathering information regarding the computer. At that time, he already liked it, and he selectively read the comments and ratings favoring the product, which made him think his decision was right. Thus, he confirmed his bias while disregarding the negative opinions. (122 words)

文章によると、マイサイド・バイアスは人々が科学の研究において自身の欲求と期待に一致する情報を選ぶ傾向があるという事実を説明する概念です。教授は、自身の経験を例に挙げて、これは科学の世界だけでなく私たちの日常生活にも見られることを説明しています。ある時、新しいコンピューターを購入したいと思った教授は、かっこいいコンピューターを見つけました。予想より少し高額でしたが、コンピューターに関する情報を収集し始めました。そのとき、彼はすでにそれを気に入っていて、製品に対して肯定的なコメントと評価だけ選んで読んだので、自分の決定が正しいと思いました。このように、彼は否定的な意見を無視してバイアスを強化したのです。

- □ cite A as B　AをBとして引き合いに出す　□ rating　評価、格付け　□ favor　…に好意を示す　□ bias　偏見
- □ disregard　…を無視する

模範解答 ❶ 解説レクチャー

まずリーディング中に出てくる Myside Bias の定義を端的に述べています。その後、教授が日常生活にも当てはまると述べたことに触れ、彼の経験を時系列に則り説明しています。

出来事を起こった順に、そしてそれらが Myside Bias とどうつながるのかわかりやすく話していくことが大事です。時間がある場合は結論の文できちんとつながりを示しましょう。

| Set 1 | スピーキング問題3 | Integrated Task | 解説 |

メモ例②

Ⓡ Myside Bias

tendency to choose
info confirm one's preference.

Ⓛ confirm opinions
✕ scientific research
✕ each one of us
replace
old PC
cool new
found one
expectation
a bit expensive
gather info
online ratings
focused ⊕
neglected ⊖
wanted to confirm

Speaking Section

🚩 模範解答 ❷   🔊 SS1_03smpl2

> The reading passage defines Myside Bias as people's inclination to select information that supports their expectations. The lecturer said Myside Bias can affect not only researchers but also each one of us. He used his own experience to illustrate the concept. He was looking for a new computer. He found a model that seemed to meet his expectations. However, the computer was a bit more expensive than he initially expected. He then began to collect more information about the model. But he was focusing on positive reviews while neglecting negative ones. Without noticing, he was trying to validate his choice. Just like this, the lecturer explained the concept of Myside Bias. (111 words)

文章は、マイサイド・バイアスを、自分たちの期待の裏づけとなる情報を選択する傾向と定義しています。講師は、マイサイド・バイアスは研究者だけでなく我々一人ひとりにも影響を与える可能性があると言い、その概念を自分自身の体験談を用い説明しました。彼は新しいコンピューターを探していました。彼は自分の期待を満たしていると思われるモデルを見つけましたが、それは彼が当初想定したよりも高額でした。彼はそしてそのモデルについての情報を集めはじめました。しかし彼は、肯定的なレビューに注目する一方で否定的なレビューを無視していたのです。気づかぬうちに、自分の選択を肯定しようとしていたのです。このようにして講師はマイサイド・バイアスの概念について説明を行いました。

- ☐ define A as B AをBと定義する   ☐ inclination to do …する傾向   ☐ expectation 期待
- ☐ affect …に影響を及ぼす   ☐ illustrate …を説明する   ☐ focus on …に焦点を当てる
- ☐ neglect …を無視する   ☐ validate …を立証する

Set 1 スピーキング問題3 Integrated Task 解説

模範解答 ❷ 解説レクチャー

Readingで書かれている内容は、最初の5〜15秒でまとめていきます。メインコンテンツは講義のまとめなので、Readingのまとめに時間を長く取るのは控えます。

このTask 3の問題では、講師が事例を使って、専門的なトピックを解説することが多いので、He used his own experience to illustrate its concept. という文章のような表現をさっと言えるように練習しておくと、得意な流れを作ることができるので有効です。

The professor used an example of ... to illustrate the concept of ....
The professor brought up two example to illustrate the concept of ....

このような表現などが有効です。

最後の文、Just like this, the lecturer explained the concept of .... も自分なりに微調整を加えて持っておくと便利です。言っても言わなくてもいい締めくくりの一言ですが、時間が5〜10秒程度余っている、というときの時間の帳尻あわせにも使えます。時間がなければ言わなくても減点にはなりません。

Speaking Section

学習メモ

Unit 2　本試験形式問題演習 Set 1

スピーキング問題 4 ｜ Integrated Task

Lecture

● **問題演習の流れ（下記の解答方法を必ずお読みください）**

- ☐ スマートフォンや IC レコーダー等の録音機器を用意してください。
- ☐ 録音開始 ➡ 音声ファイル (SS1_04.mp3) スタート ➡ 問題英文リスニング ➡ 準備 20 秒 ➡ 解答 60 秒 ➡ 録音終了 ➡ 解答の書き起こし　という流れで解答します。
- ☐ 20 秒間の準備の前に、Begin preparing your response after the beep. と音声が流れます。
- ☐ 60 秒間の解答の前に、Begin speaking after the beep. と音声が流れます。
- ☐ 60 秒のスピーキング解答時間は、「ピー」という音で終わります。

● **WEB 解答方法**

- ☐ 本試験と同様の方法で取り組みたい場合は、Web で解答できます。
- ☐ インターネットのつながるパソコン・スマートフォン等で、以下のサイトにアクセスして Web 上で解答してください。

eytester.com

- ☐ 操作方法は、P.11–12 の「USA Club Web 学習の使い方」をご参照ください。

Speaking Section

● 学習の記録

学習開始日	年　　　月　　　日	学習終了日	年　　　月　　　日

学習メモ ▶

....

....

....

....

....

....

学習開始日	年　　　月　　　日	学習終了日	年　　　月　　　日

学習メモ ▶

....

....

....

....

....

....

学習開始日	年　　　月　　　日	学習終了日	年　　　月　　　日

学習メモ ▶

....

....

....

....

....

....

Set 1 — スピーキング問題4 | Integrated Task | 音声／問題

🎤 録音を開始してから、音声を流してください。

🔊 SS1_04

Using points and examples from the lecture, explain two types of protection methods that some frog species in rainforests exhibit.

> **Preparation Time: 20 seconds**
> **Response Time: 60 seconds**

MEMO ▶

Speaking Section

MEMO

⇨ 録音が終ったら、次ページに自分の解答音声を書き起こしてください。

Set 1

スピーキング問題4 | Integrated Task | 書き起こし

⇨ 録音した自分の音声を書き起こしてください。

Speaking Section

単語数と点数の目安（Integrated）

☐120〜：30点　☐119〜110：27−29点　☐109〜100：24−26点
☐99〜90：21−23点　☐89〜80：18−20点　☐79〜70：15−17点

Set 1 | スピーキング問題4 | Integrated Task | Listening Script

 SS1_04script

Tropical rainforests are characterized by lots of rain and warm temperatures, and here, we can see a variety of living organisms. Among them, there are some species that developed unique protection methods against their predators. Let's take a look at frogs as an example. I'd like to introduce two interesting methods that the frogs use to protect themselves from predators. The first one is that some frogs have very, very bright body colors. One example is *Epipedobates bilinguis*. Their body is bright. You might think that bright colors attract predators' eyes and the frog would be eaten. Some of them ARE eaten, but you can guess what the catch is. Yes, you're right; the frogs have poison. If the poison is not strong enough, it doesn't kill the predator, but the predators remember the bad experience from eating the bright frogs. And naturally, they start avoiding the brightly colored frogs. So the combination of a brightly colored body and poison is the key for the protective method used by the frogs. OK.

The second interesting protective method is called mimicry. Mi-Mi-C-Ry. Let me give you an example of mimicry. This is very interesting. We have two different species of frogs: *Ranitomeya imitator*, and *Ranitomeya variabilis*. One species, *Ranitomeya imitator*, has no poison, while *Ranitomeya variabilis* has poison. Surprisingly, *Ranitomeya imitator* develops a body color that is VERY similar to the color of *Ranitomeya variabilis*. So *Ranitomeya imitator* and *Ranitomeya variabilis* look almost identical. What do you think will happen? You're right again.

熱帯雨林は雨が多く暖かい温度が特徴で、さまざまな生物を見ることができます。その中には、捕食者に対して変わった防衛術を発展させた種がいます。カエルの例を見てみましょう。カエルが捕食者から身を守るために使う、2つの興味深い方法を紹介したいと思います。1つ目は、体が非常に明るい色をしたカエルです。たとえば *Epipedobates bilinguis* というカエルです。このカエルの体は明るい色をしています。明るい色は捕食者の注意を引き、捕食されてしまうのではないかと思う方もいるかもしれません。中にはそうなるカエルもいますが、どんなわながあるかわかりますね。そうです、その通りです。そのカエルは毒を持っているのです。毒が強すぎなければ捕食者は死には至らず、彼らは明るい色の体のカエルを捕食した苦い経験を記憶します。そして当然ながら、明るい色のカエルを避けるようになります。つまり、明るい色の体と毒の組み合わせこそが、カエルの防衛術のカギなのです。よろしいですね。

2つ目の興味深い防衛術は擬態と呼ばれるものです。ぎ・た・い・です。擬態の例を挙げましょう。これはとても興味深い例です。*Ranitomeya imitator* と *Ranitomeya variabilis* という2つの異なる種のカエルがいます。*Ranitomeya imitator* は毒を持っていませんが、*Ranitomeya variabilis* の方は毒を持っています。驚いたことに、*Ranitomeya imitator* は *Ranitomeya variabilis* に非常に似た色の体を発達させているのです。つまり、*Ranitomeya imitator* と *Ranitomeya variabilis* は、見た目はほとんど同じです。すると、何が起こると思いますか。はい、また正解です。

Speaking Section

The predators cannot distinguish *Ranitomeya imitator* from *Ranitomeya variabilis*. So the predators avoid feeding on both *Ranitomeya imitator* and *Ranitomeya variabilis*. This method is called mimicry, which means imitation or replica. Interesting, isn't it? Using such survival methods or techniques, these species are trying to proliferate in the tropical rainforests.

捕食者は *Ranitomeya imitator* と *Ranitomeya variabilis* を区別することができないのです。ですから捕食者は、*Ranitomeya imitator* と *Ranitomeya variabilis* の両方とも餌にすることを避けるのです。この方法は擬態と呼ばれており、模倣や複製という意味です。面白いですね。このような生きる術を用い、これらの種は熱帯雨林で繁殖しようとしているのです。

- ☐ tropical rainforest 熱帯雨林 ☐ living organism 生物、生命体 ☐ predator 捕食動物、肉食動物
- ☐ mimicry 擬態 ☐ Ranitomeya imitator ラニトメイヤイミテーター (矢毒蛙科の一種)
- ☐ Ranitomeya variabilis ラニトメイヤバリアビリス (矢毒蛙科の一種) ☐ identical 同一の
- ☐ proliferate 繁殖する

Using points and examples from the lecture, explain two types of protection methods that some frog species in rainforests exhibit.

講義で挙げられた論点や例を使って、熱帯雨林に生息するカエルの種が見せる、2つの防御術を説明してください。

71

Set 1 | スピーキング問題4 | Integrated Task | 解説

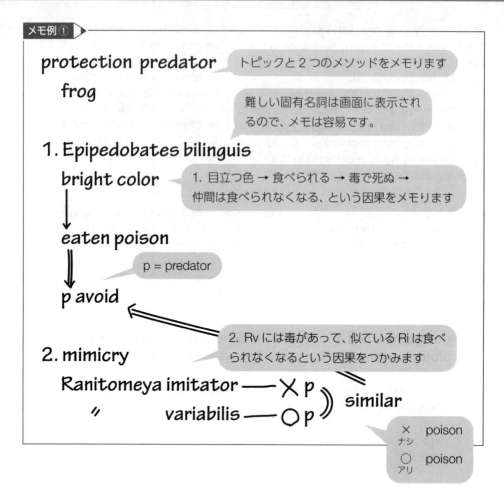

模範解答① SS1_04smpl1

The professor describes two protection methods some frogs utilize. The first type is to have a bright body. The example of a frog used in the lecture is *Epipedobates bilinguis*. Their body stands out and attracts predators. However, they have venom in their body and poison the predator when being eaten. This makes the predators associate their bright bodies with poison and start to avoid attacking them. The second is mimicry, and the example the professor uses is *Ranitomeya imitator*.

Speaking Section

They develop a body color resembling that of *Ranitomeya variabilis*, which is poisonous. Therefore, their predators refrain from feeding on them since they can't distinguish between the two species. (109 words)

教授は、いくつかのカエルが利用する 2 種類の防衛術について説明しています。1 つ目は明るい体を持つことです。講義に出てきたカエルの例は、*Epipedobates bilinguis* です。その体は目立つため、捕食者を引きつけます。しかし、彼らは体に毒を持っており、食べられると捕食者を毒で苦しめます。これにより、捕食者は彼らの明るい色の体を毒と関連づけ、彼らを攻撃することを避け始めます。2 つ目は擬態で、教授が挙げている例は *Ranitomeya imitator* です。それらは有毒な *Ranitomeya variabilis* に似た色の体を発達させます。したがって、捕食者は 2 つの種を区別できないため、それらを食べることを控えます。

- □ utilize …を使う ➡ use の硬い表現で使いやすい単語 □ stand out 目立つ □ predator 捕食動物
- □ venom 毒 = poison □ associate A with B A を B と結びつける、A で B を連想する
- □ avoid *doing* …するのを避ける = refrain from *doing* ➡ to *do* にしないよう気をつけよう
- □ mimicry 擬態 □ develop …を発達させる □ poisonous 有毒な □ feed on …を常食とする
- □ distinguish between (A and B) （A と B）を区別する

模範解答 ❶ 解説レクチャー

講義はカエルの身を守る方法を 2 つ説明しています。1 つ目は attract「引きつける」が出てくるため、きちんと因果関係を聞き取らないと理解するのが難しくなります。また、それを説明するのもかなりきつくなります。2 つ目はまだわかりやすいのですが、1 つ目で戸惑って時間を使い過ぎてしまうと話す時間がなくなってしまうため、全体としてかなりの難問です。専門用語が読みにくく長いのも厄介です。

73

| Set 1 | スピーキング問題4 | Integrated Task | 解説 |

メモ例②

rainforest
living org
protection methods

① frogs
bright body
attract pred
& eaten
poison !!
doesn't kill pred
remember
combination

② mimicry
two species
1st type
→ no poison
2nd type
→ poison
body color simi
pred can't distinguish

Speaking Section

🚩 模範解答❷ 🔊 SS1_04smpl2

> In this lecture, the professor discusses unique protection mechanisms employed by two types of frogs. The first protection method is a combination of a bright body color and poison. When a bright-colored frog with poison is eaten by a predator, the poison makes the predator sick. If the predator survives, the predator actually remembers the unpleasant experience of feeding on the frog and begins to avoid eating it. The second protection method explained by the professor is called mimicry. This method involves one species of frog that doesn't have poison but does have a body color that is very similar to that of a poisonous frog. The objective is to make it difficult for their predators to differentiate one from another and hopefully make them avoid feeding on both types. These are the ways with which some frogs in the rainforest protect themselves from the predators. (146 words)

この講義では、教授は2種類のカエルが使っている独自の防衛メカニズムについて論じています。最初の防衛方法は、明るい色の体と毒の組み合わせです。毒のある明るい色のカエルを捕食者が食べると、毒が捕食者を苦しめます。捕食者が生き残った場合も、捕食者はカエルを食べたときの不快な経験を実際に覚えており、食べることを避け始めます。教授が説明した2番目の防衛方法は擬態と呼ばれています。この方法では、毒のないカエルの種が、有毒なカエルと非常によく似た体色になります。その目的は、捕食者が2つの種を区別することを困難にし、うまくいけば、どちらも食べないようにすることです。これらが、熱帯雨林のいくつかのカエルが自身を捕食者から身を守る方法です。

- □ unique 独自の □ employ …を利用する □ predator 捕食動物
- □ unpleasant 不快な □ feed on …を餌にする □ avoid doing …するのを避ける
- □ involve（必然的結果として）…を伴う □ be similar to …と似ている □ poisonous 毒性のある
- □ differentiate A from B A を B と区別する

Set 1 | スピーキング問題4 | Integrated Task | 解説

模範解答 ❷ 解説レクチャー

冒頭の In this lecture ... の文で、講義が何についてなのか短く述べています。次の The first protection ... で1つ目の protection method の概要、そしてその次の If the predator ... の文でより具体的に protection method を紹介しています。このように、徐々に説明の具体性を高めていくと、情報がしっかり整理された解答をすることが容易になります。2つ目の protection method も同様の構成で説明しています。この三段構造を基本に解答すると、解答のフォーマットに気を取られ過ぎることがなく、聞き取った情報のパラフレーズに最大限の時間を割くことができます。

Speaking Section

Unit 3 本試験形式問題演習 Set 2

スピーキング問題 1 …… 78~88
(Independent Task)
スピーキング問題 2 …… 90~103
(Integrated Task: Reading + Listening)
スピーキング問題 3 … 104~117
(Integrated Task: Reading + Listening)
スピーキング問題 4 … 118~130
(Integrated Task: Listening)

＊問題毎に、模範解答と解説が掲載されています。

Unit 3　本試験形式問題演習 Set 2

スピーキング問題1 ｜ Independent Task

Giving an Opinion

● **問題演習の流れ（下記の解答方法を必ずお読みください）**

- □ スマートフォンやICレコーダー等の録音機器を用意してください。
- □ 録音開始 ➡ 音声ファイル（SS2_01.mp3）スタート ➡ 問題英文音声 ➡ 準備15秒 ➡ 解答45秒 ➡ 録音終了 ➡ 解答の書き起こし　という流れで解答します。
- □ 15秒間の準備の前に、Begin preparing your response after the beep. と音声が流れます。
- □ 45秒間の解答の前に、Begin speaking after the beep. と音声が流れます。
- □ 45秒のスピーキング解答時間は、「ピー」という音で終わります。

● **WEB 解答方法**

- □ 本試験と同様の方法で取り組みたい場合は、Webで解答できます。
- □ インターネットのつながるパソコン・スマートフォン等で、以下のサイトにアクセスして Web 上で解答してください。

eytester.com

- □ 操作方法は、P.11-12 の「USA Club Web 学習の使い方」をご参照ください。

Speaking Section

● 学習の記録

学習開始日	年　　　月　　　日	学習終了日	年　　　月　　　日

学習メモ ▶

....

....

....

....

....

....

学習開始日	年　　　月　　　日	学習終了日	年　　　月　　　日

学習メモ ▶

....

....

....

....

....

....

学習開始日	年　　　月　　　日	学習終了日	年　　　月　　　日

学習メモ ▶

....

....

....

....

....

....

Set 2 | スピーキング問題1 | Independent Task | 問題

🎙 録音を開始してから、音声を流してください。

🔊 SS2_01

Do you agree or disagree with the following statement? Parents should never intervene in problems that happen among students at school.

> **Preparation Time: 15 seconds**
> **Response Time: 45 seconds**

MEMO ▶

Speaking Section

MEMO

⇨ 録音が終ったら、次ページに自分の解答音声を書き起こしてください。

Set 2　スピーキング問題1 | Independent Task | 書き起こし

録音した自分の音声を書き起こしてください。

Speaking Section

単語数と点数の目安 (Independent)

☐110 ～ ：30 点　☐109 ～ 100：27 - 29 点　☐99 ～ 90：24 - 26 点
☐89 ～ 80：21 - 23 点　☐79 ～ 70：18 - 20 点　☐69 ～ 60：15 - 17 点

Set 2 スピーキング問題1 Independent Task 解説

Do you agree or disagree with the following statement? Parents should never intervene in problems that happen among students at school.

以下の意見に賛成ですか、反対ですか。
「親は、学校での生徒どうしの問題に決して干渉するべきではない」

- intervene in …に干渉する

模範解答 ❶　SS2_01smpl1

I agree with the idea that parents should not intervene in problems that occur among students at school. Parents' intervention often makes situations more complicated. For instance, when I hit a ball in the baseball club at junior high, it struck a girl in the tennis club. I apologized to her and she forgave me because her injury was minor, and it wasn't on purpose. However, her father rushed to school to make me pay for her treatment. My parents got furious to hear this and the situation became worse and worse. The girl and I were really embarrassed. (99 words)

私は、学校の生徒の間で発生する問題に保護者が介入してはならないという考えに同意します。親の介入はしばしば状況をより複雑にします。たとえば、私が中学校の野球部でボールを打ったとき、テニス部の女の子に当たりました。私が彼女に謝罪すると、怪我は軽かったし、故意ではなかったので許してくれました。しかし、彼女の父親は私に彼女の治療費を払わせるために学校に駆けつけました。私の両親はこれを聞いて激怒し、状況はますます悪化しました。その子と私は本当に恥ずかしい思いをしました。

- intervene in …に介入する　□ apologize to 人 (for コト) 人に(…のことで)謝罪する
- forgive …を許す　□ furious 激怒した

Speaking Section

模範解答 ❶ 解説レクチャー

親が学校で起こった生徒間の問題に決して口出ししないほうがいいか問われている問題です。「決して」や「学校で起こった」「生徒間」といった条件があることをきちんと押さえてください。

模範解答 ① では、親が介入することで問題が複雑になってしまうことを述べ、子どもの問題から親同士の争いに発展してしまったという自分の経験を例に挙げています。

模範解答 ❷  SS2_01smpl2

I disagree with the idea that parents should not intervene in problems that occur among students at school. Of course, parents don't need to be involved in minor problems, but there are some issues children cannot resolve by themselves. In such a case, grownups should intervene, but teachers have to care about other students as well, so parents' help would be of great use. For example, when I was in elementary school, bullying became a big problem in my class, our teacher did not notice it, yet a parent whose boy was bullied talked to the bully and the problem was resolved, which made me realize parents' involvement is sometimes necessary. (111 words)

私は、学校の生徒の間で発生する問題に保護者が介入してはならないという考えに同意しません。もちろん、親は小さな問題に関与する必要はありませんが、子供が自分で解決できない問題もいくつかあります。そのような場合は、大人が介入する必要がありますが、教師は他の生徒のことも考える必要があるため、保護者の支援が大きな力を発揮します。たとえば、小学生の頃、クラスでいじめが大きな問題になりましたが、教師は気づきませんでした。でも、いじめられた男の子の親がいじめた生徒と話したら、問題が解決したので、親の関与も時には必要であると実感しました。

- ☐ grownup = adult 大人 ➡ スピーキングやライティングで使えるようにしたい単語
- ☐ of use = useful 役立つ　☐ bully …をいじめる

Set 2 スピーキング問題1 Independent Task 解説

模範解答 ❷ 解説レクチャー

模範解答 ② では、生徒たちだけでは解決できない問題があり親の助けが必要だということを、小学校時代のいじめの問題を具体例に挙げて述べています。

模範解答 ① では intervene を名詞に変え intervention と述べ、模範解答 ② では involvement と言い換えています。

🏴 模範解答 ❸ 🔊 SS2_01smpl3

I agree with the statement that parents should not intervene in problems among children. To begin with, as parents try to intervene, children become more mentally dependent. They won't be able to solve problems by themselves. And more fundamentally, I think parents cannot judge things objectively. Parents love their children so much that whatever they hear, they tend to be on the side of their own children. I have a six-year-old daughter, and it seems like she has some problems with her classmates. Well, she should not let me or others solve the issue. And I don't know what's going on at school, so I cannot provide objective opinions anyway. (110 words)

私は、親は子供の問題に干渉すべきではないという意見に賛成です。まず、親が干渉しようとすると、子供はより精神的に親に依存するようになり、自分で問題を解決できなくなります。また、もっと根本的なところでは、親は客観的にものごとを判断できないと私は思います。親は自分たちの子供が可愛いすぎて、何を聞いても自分たちの子供の側にいようとするものです。私には6歳になる子供がいて、どうやら学校でクラスメイトと問題を抱えているようです。まあしかし、彼女は私や他人にその問題を解決してもらうべきではありません。そして、私は学校で何が実際に起きているのかわからないので、いずれにしても客観的な意見を出すことができません。

- intervene in …に干渉する ☐ dependent 頼っている
- fundamentally 基本的に ☐ objectively 客観的に ☐ objective 客観的な

模範解答❸ 解説レクチャー

この解答では、理由は2つ、事例は1つ、という話し方になっています。このような構成でも高得点は出ます（1つの理由と1つの事例、1つの理由と2つの事例、2つの理由と1つの事例、2つの理由と2つの事例、いずれでも十分な流暢さがあり内容が良ければ高得点になります。採点上の優劣はありません）。「理由は思いつくが事例を出すのにいつも困っている」という人はこのスタイルも練習してみるといいかもしれません。

解答例では、今回は6歳の子供としていますが、実際は3歳の子供（学校には通っていない）だったとしても、このくらいの微調整、作り話はありです。問題に合わせてその場で事例を調整していく力も大事です。話すアイデアがなければ、Speaking力があってもなくてもスムーズに話せないからです。常に最初から嘘の話しを作りこむ、というよりは、実際にある話しを脚色し調整していくスタイルがお勧めですが、どうしても思いつかないなら作り話になっても、極端に不自然でない限り問題はありません。

模範解答❹ SS2_01smpl4

I completely disagree with the opinion. First of all, there are problems like bullying that students cannot solve by themselves. In many situations, those who are suffering cannot seek help. For example, I was bullied when I was a kid. I was always waiting for help from my parents... or anyone. In addition, some problems can result in serious health problems if the problems are left unsolved. Problems concerning smoking, drinking, or drugs are some of the examples. Although I didn't get involved in those problems, I saw or heard about some students who were involved in such problems. In these cases, parents must intervene, I think.
(107 words)

| Set 2 | スピーキング問題1 | Independent Task | 解説 |

私はこの意見に反対です。第1に、いじめのように生徒だけでは解決できない問題があります。多くの場合、苦しんでいる生徒は助けを求めることができないものです。たとえば、私は子供のころいじめを受けました。親や、、、誰かからの助けをずっと待っていました。また、いくつかの問題が解決されないままの場合、健康上の深刻な問題につながることもあります。喫煙、飲酒、薬物に関する問題はその例です。私はこうした問題にかかわることはありませんでしたが、そうなった学生を何人か見たり聞いたりしました。こうしたケースにおいては親は介入すべきだと、私は思います。

模範解答❹ 解説レクチャー

このサンプル解答では、理由、事例ともに2つずつ挙げて展開しています。それぞれを詳しく説明するより、簡潔に文章を続けていく話し方ですので、1つの話しを詳しくするのが苦手という場合には、2つずつ挙げる話し方があう場合もあります。

練習するときは2つアイデアと事例を出そうと練習してみると、アイデア出しの練習にもなります。本番で、2つ出せるなら2つ挙げて簡潔に展開していく。出そうとしても1つしか出せなかったら1つでそれを詳述するスタイルで展開する、という2つのパターンで対応できるように練習しておくと、さまざまなトピックに、より抜け目なく対応しやすくなります。

Speaking Section

学習メモ ▶

Unit 3　本試験形式問題演習 Set 2

スピーキング問題2 | Integrated Task

An Article and Conversation between Two Speakers

● 問題演習の流れ（下記の解答方法を必ずお読みください）

- □ スマートフォンやICレコーダー等の録音機器を用意してください。
- □ 録音開始 ➡ 音声ファイル（SS2_02.mp3）スタート ➡ 問題英文リーディング45秒 ➡ 問題英文リスニング ➡ 準備30秒 ➡ 解答60秒 ➡ 録音終了 ➡ 解答の書き起こし　という流れで解答します。
- □ 45秒間のリーディングの前に、Begin reading after the beep. という音声が流れます。
- □ 45秒間のリーディング時間は、「ピー」という音で終わり、リスニング音声が続けて流れます。
- □ 30秒間の準備の前に、Begin preparing your response after the beep. と音声が流れます。
- □ 60秒間の解答の前に、Begin speaking after the beep. と音声が流れます。
- □ 60秒のスピーキング解答時間は、「ピー」という音で終わります。

● WEB解答方法

- □ 本試験と同様の方法で取り組みたい場合は、Webで解答できます。
- □ インターネットのつながるパソコン・スマートフォン等で、以下のサイトにアクセスしてWeb上で解答してください。

eytester.com

- □ 操作方法は、P.11–12の「USA Club Web学習の使い方」をご参照ください。

Speaking Section

● 学習の記録

学習開始日	年　　月　　日	学習終了日	年　　月　　日

学習メモ ▶

....

....

....

....

....

....

学習開始日	年　　月　　日	学習終了日	年　　月　　日

学習メモ ▶

....

....

....

....

....

....

学習開始日	年　　月　　日	学習終了日	年　　月　　日

学習メモ ▶

....

....

....

....

....

....

91

Set 2 スピーキング問題2 | Integrated Task | 英文／音声／問題

🎤 録音を開始してから、音声を流してください。

🔊 SS2_02

Reading Time: 45 seconds

Theater Arts

Our school has a designated hall for the display of performing arts. Many students majoring in theater, dance, and music are actively involved in the exhibition of their work, and their performances are incredible. However, we have only a limited number of audience members. One solution is to recruit more school newspaper editors and have them write about those performances in our school newspaper. Clearly, the number of editors involved in matters like this is too small to adequately cover the amazing arts that our school takes great pride in.

The man expresses his opinion about the proposal about increasing the number of audience members for the school's art performances. State his opinion and explain the reasons he gives for holding that opinion.

Preparation Time: 30 seconds
Response Time: 60 seconds

Speaking Section

MEMO

⇨ 録音が終ったら、次ページに自分の解答音声を書き起こしてください。

Set 2

スピーキング問題2 | Integrated Task | 書き起こし

⇨ 録音した自分の音声を書き起こしてください。

Speaking Section

単語数と点数の目安（Integrated）

- [ ] 120〜：30点　　[ ] 119〜110：27−29点　　[ ] 109〜100：24−26点
- [ ] 99〜90：21−23点　　[ ] 89〜80：18−20点　　[ ] 79〜70：15−17点

Set 2 スピーキング問題2 | Integrated Task | 解説

Theater Arts

Our school has a designated hall for the display of performing arts. Many students majoring in theater, dance, and music are actively involved in the exhibition of their work, and their performances are incredible. However, we have only a limited number of audience members. One solution is to recruit more school newspaper editors and have them write about those performances in our school newspaper. Clearly, the number of editors involved in matters like this is too small to adequately cover the amazing arts that our school takes great pride in.

演劇芸術

当校には、舞台芸術の上演のためのホールがあります。演劇、舞踊、音楽を専攻する多くの学生は、自身の作品の公演に積極的に関わっており、彼らの演技は驚くほど素晴らしいものです。しかしながら、観客数は限られています。1つの解決策として、校内新聞の編集者をさらに募集し、学生たちの演技について校内新聞に書いてもらうことが考えられます。このような仕事に従事している編集者の数が少なすぎるため、当校が誇る素晴らしい芸術作品を十分に紹介することができていないことは明らかです。

- □ designated 指定された □ major in …を専攻する □ be involved in …に関わる
- □ incredible 途方もない、すごい □ cover (主題など)を扱う・取り上げる

スピーキング問題2 | Integrated Task | Listening Script

Speaking Section

🔊 SS2_02script

W: What do you think about the proposal about recruiting editors?

M: Well, I must say I disagree. Honestly, that won't work.

W: What makes you say that? I think more students will visit the hall to see performing arts if they have more knowledge or information about the play or performance.

M: It's not that. Actually, there are many pamphlets that advertise the details of the performance, and there's also a lot of information available online, for example on the school's website.

W: Oh really? I didn't know that.

M: See. That's the problem. We should focus on other things such as creating a poster. We already distribute enough information about the play. We need someone who can promote the activities, you know. We don't need more editors.

W: I think that makes sense.

M: And you know what. Here's another thing.

W: What is it?

M: I think they should change the exhibition time. Many of the school's plays coincide with students' daytime classes, and they can't go to that

W: 編集者を募集するという提案についてどう思いますか。

M: そうですね、反対と言わざるを得ません。正直言って、あの計画はうまくいかないでしょう。

W: なぜそう思うのですか。もし演劇や演技についての知識や情報の量が増えれば、舞台芸術を鑑賞しにホールへ来る学生も増えると思いますよ。

M: それは違います。実際は、演技の詳細を告知するパンフレットはたくさんあり、学校のホームページなどインターネット上でもたくさんの情報が得られるんですよ。

W: そうなんですか。知りませんでした。

M: でしょう。それが問題なんですよ。ポスターを作成するなど、別のことに重点を置くべきです。演劇についての情報を広めることはすでにしています。われわれの活動を売り込める人が必要なんですよ。編集者はこれ以上必要ありません。

W: そのとおりだと思います。

M: 実は他にもあるんです。

W: 何ですか。

M: 学校は公演時間を変えるべきだと思います。学校の演劇の多くは学生の昼間の授業と被っていて、学生たちは演劇ホールに行きたくても行けないんです

97

Set 2 | スピーキング問題2 | Integrated Task | Listening Script

theater hall even if they want to. Most students are taking classes from the morning to ... say ... 4 or 5 pm. They should offer more plays in the evening time, rather than the morning or afternoon time. Changing things like this will have a far greater effect than merely finding more editors.

W: Very true. I also have classes until the evening, but I'm available after that.

よ。ほとんどの学生は、朝から、そうですね、午後4時や5時まで授業を受けています。学校は、午前中や午後ではなく、夕方の演劇の公演を増やすべきです。単に編集者を増やすよりも、これらのことを変える方がはるかに大きな効果を生むでしょう。

W: 全くそのとおりですね。私も夕方まで授業がありますが、それ以降は時間があります。

- □ proposal 提案 □ recruit …を募集する □ editor 編集者 □ work 具合よくいく
- □ coincide with …と同時に起こる

📄 The man expresses his opinion about the proposal about increasing the number of audience members for the school's art performances. State his opinion and explain the reasons he gives for holding that opinion.

男性は、学校の舞台芸術を鑑賞する人数を増やす案について意見を述べています。彼の意見を述べ、彼がその意見を持っている理由を説明してください。

- □ state …を述べる □ hold an opinion 意見を持っている

スピーキング問題2 | Integrated Task | 解説

Speaking Section

メモ例①

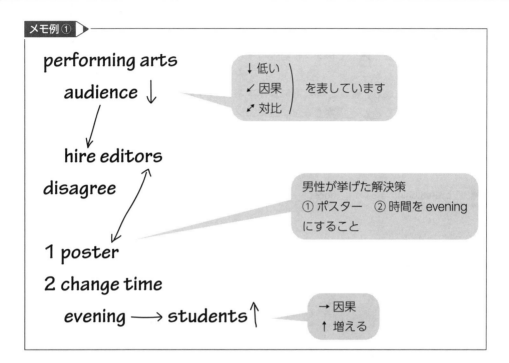

模範解答❶　SS2_02smpl1

The proposal says more school editors should be hired to attract more audience members to performing arts' shows. The man disagrees with the idea and suggests possible different solutions. First, the man proposes creating eye-catching posters to attract more people and hiring someone who can boost interest in the activities instead of recruiting additional editors. Second, the shows should be scheduled when students have more time. Currently, the events are held at the same time that they are taking classes, so they should be performed in the evening instead. (89 words)

Set 2　スピーキング問題2　Integrated Task　解説

提案では、より多くの観客を舞台芸術のショーに引きつけるために、学校の編集者を
さらに雇うべきだと述べています。男性はその考えに同意せず、考えられるさまざま
な解決策を提案します。まず、男性は、より多くの人々を引きつけるために人目を引
くポスターを作成し、編集者を新たに採用する代わりに、活動への関心を高めること
ができる人を雇うことを提案します。次に、ショーは学生にもっと時間があるときに
上演するべきです。現在、イベントは授業と同時に開催されているため、それを夕方
に変える必要があります。

✎ □ eye-catching 目を引く　□ boost …を高める　□ additional = extra 追加の

模範解答 ❶ 解説レクチャー

まず、多くの観客を引きつけるために編集者を雇うというリーディングの計画を述べ、男性
がそれに反対し、解決策を提示していることを述べていきます。

1つ目の提案はポスターで、2つ目はショーの上演をより多くの学生たちが参加できる時間
にすることです。最後の文でその時間について詳しく説明します。

Speaking Section

メモ例②

Ⓡ art performance
  ↘ audience
  → recruit news p. editors

Ⓛ M   F
  disagree
① already ⎰ pamphlets
          ⎱ info online
        websites
                              didn't know

            see
      need posters
        promote

② exhib time
  coincide class
  can't go
  ∼ 4, 5 pm
  evening time

Set 2 スピーキング問題2 | Integrated Task | 解説

模範解答 ② 🔊 SS2_02smpl2

The man is skeptical about the effect of the proposal in boosting the number of visitors to the school's art performance. First of all, he argues that a sufficient number of pamphlets advertising the school's art performances are already circulated, so merely increasing the number of editors won't likely solve the problem. He thus concludes that what the school needs to popularize its exhibitions is the effective promotion of their activities. Also, he attributes the small number of visitors to the inconvenient exhibition time. He points out that most performances are scheduled in the morning and in the afternoon when students are still taking classes. He claims that offering more plays in the evening would be more effective in increasing the number of audiences than recruiting more editors. (128 words)

男性は、学校の舞台芸術への入場者数を増やすための提案の効果を疑っています。まず、学校の舞台の公演を告知するパンフレットはすでに十分配布されているので、編集者の数を増やすだけでは問題が解決しない可能性が高いと彼は主張します。したがって、彼は、学校が公演に人をたくさん呼ぶために必要なのは、その活動の効果的な売り込みであると結論づけています。また、来場者が少ないのは、観覧しにくい公演時間のせいだとも言います。彼は、ほとんどの公演は、学生がまだ授業を受けている午前と午後に行われることを指摘しています。彼は、夕方の舞台を増やすほうが、編集者をさらに採用するよりも、観客数を増やすのには効果的であると主張しています。

- □ be skeptical about …について懐疑的である □ effect 効果 □ argue that 節 …だと主張する
- □ sufficient 十分な □ circulate …を配布する □ conclude that 節 …だと結論を下す
- □ popularize …の人気を高める □ attribute A to B Aの原因がBにあるとする

Speaking Section

模範解答 ❷ 解説レクチャー

be skeptical about ... は、「…に懐疑的である」という意味を持っており、話者が計画や提案に疑問を感じていることを表現するために使用しています。シンプルに、The man doesn't think ... とも言えますが、上記のようなより特定の意味を持った表現を使用することにより、表現力の高さを示すことができます。

likely は、「おそらく」という意味の推測を表す副詞で、話者の予想を説明する目的で使用されています。同様の表現に、probably、supposedly、presumably などがあります。

attribute A to B は、「A を B のせいにする」という意味で、話者が示した因果関係を表現するために使用しています。attribute の形容詞形である、attributable を使用して、A is attributable to B のように言うこともできます。

模範解答では、難易度が高めの言い換え表現がされています。とっさにうまい言い換え表現が見つからない場合は、同義語を探すために流暢さを犠牲にするよりは、同じ単語の使用でも構いません。Speaking ですので流暢さを優先させましょう。

3〜4 行目の pamphlets ... are ... circulated となっている部分は、pamphlets ... are ... available でも構いません。6 行目の popularize its exhibitions となっている部分は、promote the program でも構いません。

103

Unit 3　本試験形式問題演習 Set 2

スピーキング問題3　Integrated Task

A Short Passage and Lecture

● 問題演習の流れ（下記の解答方法を必ずお読みください）

- □ スマートフォンやICレコーダー等の録音機器を用意してください。
- □ 録音開始 ➡ 音声ファイル（SS2_03.mp3）スタート ➡ 問題英文リーディング45秒 ➡ 問題英文リスニング ➡ 準備30秒 ➡ 解答60秒 ➡ 録音終了 ➡ 解答の書き起こし　という流れで解答します。
- □ 45秒間のリーディングの前に、Begin reading after the beep. という音声が流れます。
- □ 45秒間のリーディング時間は、「ピー」という音で終わり、リスニング音声が続けて流れます。
- □ 30秒間の準備の前に、Begin preparing your response after the beep. と音声が流れます。
- □ 60秒間の解答の前に、Begin speaking after the beep. と音声が流れます。
- □ 60秒のスピーキング解答時間は、「ピー」という音で終わります。

● WEB解答方法

- □ 本試験と同様の方法で取り組みたい場合は、Webで解答できます。
- □ インターネットのつながるパソコン・スマートフォン等で、以下のサイトにアクセスしてWeb上で解答してください。

eytester.com

- □ 操作方法は、P.11-12の「USA Club Web学習の使い方」をご参照ください。

Speaking Section

● 学習の記録

学習開始日	年　　月　　日	学習終了日	年　　月　　日

学習メモ ▶

. . . .

. . . .

. . . .

. . . .

. . . .

. . . .

学習開始日	年　　月　　日	学習終了日	年　　月　　日

学習メモ ▶

. . . .

. . . .

. . . .

. . . .

. . . .

. . . .

学習開始日	年　　月　　日	学習終了日	年　　月　　日

学習メモ ▶

. . . .

. . . .

. . . .

. . . .

. . . .

. . . .

Set 2 — スピーキング問題3 Integrated Task 英文／音声／問題

🎙️ 録音を開始してから、音声を流してください。

🔊 SS2_03

Reading Time: 45 seconds

Polyandry

Some animal species exhibit a mating system called polyandry. In a polyandrous system, one female mates with two or more males. This phenomenon is the opposite of polygyny, where one male mates with multiple females. Polyandrous behavior is only rarely seen in higher primates and marsupials, but it is more frequently observed in birds, fish, and insects. While one conceivable benefit of polyandry is that a female can increase the assurance of fertilization, whether polyandry bears an overall adaptive advantage is under active discussion.

Using the information from the lecture, explain polyandry including its advantages and disadvantages.

Preparation Time: 30 seconds
Response Time: 60 seconds

Speaking Section

MEMO

⇨ 録音が終ったら、次ページに自分の解答音声を書き起こしてください。

Set 2

スピーキング問題3 | Integrated Task | 書き起こし

➡ 録音した自分の音声を書き起こしてください。

Speaking Section

単語数と点数の目安 (Integrated)

☐120〜：30点　☐119〜110：27−29点　☐109〜100：24−26点
☐99〜90：21−23点　☐89〜80：18−20点　☐79〜70：15−17点

Set 2 スピーキング問題3 | Integrated Task 解説

Polyandry

Some animal species exhibit a mating system called polyandry. In a polyandrous system, one female mates with two or more males. This phenomenon is the opposite of polygyny, where one male mates with multiple females. Polyandrous behavior is only rarely seen in higher primates and marsupials, but it is more frequently observed in birds, fish, and insects. While one conceivable benefit of polyandry is that a female can increase the assurance of fertilization, whether polyandry bears an overall adaptive advantage is under active discussion.

一雌多雄制

動物の種には、一雌多雄制と呼ばれる交尾様式を持つものがいます。一雌多雄制では、1匹のメスが2匹以上のオスと交尾します。これは1匹のオスが多数のメスと交尾する一雄多雌制とは逆の現象です。一雌多雄制は、高等霊長類や有袋類には極めてまれにしか見られないものですが、鳥類や魚類、昆虫などではより頻繁に観察されています。一雌多雄制の考えられる利点の1つとして、メスがより確実に受精できるということが挙げられますが、一雌多雄制は総合的に考えて順応に有利かどうかについてはまだ活発に議論されています。

- ☐ polyandry 一雌多雄制 ☐ species 種、種類 ☐ exhibit（性質など）を示す
- ☐ mating system 交尾様式、配偶システム ☐ polyandrous system 一雌多雄制 ☐ phenomenon 現象
- ☐ polygyny 一雄多雌制 ☐ primate 霊長類 ☐ marsupials 有袋目の哺乳類
- ☐ observe …を（観察によって）認める ☐ conceivable 考えられる、想像できる ☐ assurance 確実さ
- ☐ fertilization 受胎、受精 ☐ bear …を有する ☐ overall 総合的な ☐ adaptive 適応性のある
- ☐ advantage 優位、優勢

スピーキング問題3 | Integrated Task | Listening Script

Speaking Section

🔊 SS2_03script

By and large, the human mating system is primarily monogamous. Two people in a pair, or a couple, form a romantic partnership. While various forms of polygyny are seen worldwide, societies practicing polyandry are very, very rare, limited to parts of India, China, and Nepal. If we turn to nature, however, we begin to see more examples and varieties of polyandry. The most common example is honeybees. Yes, honeybees are polyandrous. In their nest, a honeycomb, there is one queen. This queen lays thousands of eggs in the comb. These eggs have little or no genetic variability, meaning those thousands of eggs are all genetically identical. Approximately a week after incubating the eggs, the queen leaves the hive and mates outside the comb. The queen releases a special pheromone, attracts many drones, or male honeybees, and mates with, say, 20 or 30 males successively. The queen will then go back to her comb and, this time, lay eggs with greater genetic variability. This is a very typical example of polyandry. "What's the benefit?" you might ask. Well, some studies have shown that the more genetically diverse a group of honeybees is, the higher the resistance to disease. Besides, those more diverse honeybees can build a new nest faster. Genetically diverse honeybees have also shown enhanced communication when locating food sources. Any disadvantages?

概して、人間の生殖様式は主に一夫一婦制をとっています。2人が一組、つまり夫婦となり性愛に基づく関係を構築するのです。世界中でさまざまな形の一夫多妻制が見られるものの、一妻多夫制を実践している社会は非常に珍しく、インド、中国、ネパールの一部地域に限られています。一方、自然界に目を向けると、一雌多雄制の実例やバリエーションをより多く見ることができます。最も一般的な例がミツバチです。そう、ミツバチは一雌多雄なのです。ハチの巣の中には、1匹の女王バチがおり、この女王が巣の中に数千もの卵を産みます。これらの卵には遺伝的変異性がほとんど無く、遺伝的にはすべて同一のものです。卵を孵化してから1週間ほどたつと、女王は群れを離れ、巣の外で交尾をします。女王は特殊なフェロモンを発し、多くの雄バチを引きつけ、そうですね、20匹や30匹の雄バチと連続して交尾をします。その後、女王は巣に戻り、より遺伝的変異性が高い卵を産むのです。これが最も典型的な一雌多雄制の実例です。一体どんな利点があるのでしょう。ええ、ある研究によると、ミツバチの群れが遺伝的に多様であればあるほど、病気に対する抵抗力が強いのです。そのうえ、多様なミツバチのほうが新しい巣を速く作ることができます。また、そのようなミツバチは食料を見つける際に、優れた意思疎通を図ることも示されています。欠点はあるのでしょうか。

111

Set 2 スピーキング問題3 Integrated Task Listening Script

Obviously, while the queen flies away from the nest, she is vulnerable and at risk of predation. Also, the queen might receive an intolerable level of diseases from any of the males. These and other disadvantages mask the advantages of polyandry, making its overall benefits controversial.

言うまでもなく、女王が巣から離れている間は攻撃されやすく、捕食の危険に晒されます。また、女王は雄バチから許容できないレベルの病気を移されるかもしれません。このような欠点があることから、一雌多雄制のメリットはわかりにくく、その総合的利点は議論の対象になっています。

- ☐ by and large 全般的に、概して ☐ primarily 主として ☐ monogamous 一夫一婦（単婚）の
- ☐ in a pair 2人一組になって ☐ practice …を習慣とする ☐ rare まれな ☐ turn to 次に…を取り上げる
- ☐ honeybee ミツバチ ☐ nest 巣 ☐ honeycomb ミツバチの巣 ☐ lay …を産む ☐ comb 巣
- ☐ genetic 遺伝上の ☐ variability 変異性 ☐ genetically 遺伝的に ☐ identical まったく同一の
- ☐ approximately おおよそ ☐ incubate （卵）を抱く・かえす・孵化する ☐ hive 巣箱のハチの群れ
- ☐ mate 交尾する、つがう ☐ pheromone フェロモン ☐ drone 雄バチ ☐ successively 連続的に
- ☐ diverse 多様な ☐ resistance to …に対する抵抗力 ☐ disease 病気 ☐ besides そのうえ
- ☐ enhanced 強化された ☐ locate …を捜しだす ☐ disadvantage 不都合、不利 ☐ obviously 明らかに
- ☐ vulnerable 攻撃されやすい、無防備な ☐ at risk of …の危険があって ☐ predation 捕食
- ☐ intolerable 耐えられない ☐ mask …を目立たなくする ☐ controversial 議論の的となる

Using the information from the lecture, explain polyandry including its advantages and disadvantages.

講義からの情報を使って、利点、欠点も含めて一雌多雄制を説明してください。

スピーキング問題3 | Integrated Task | 解説

メモ例①

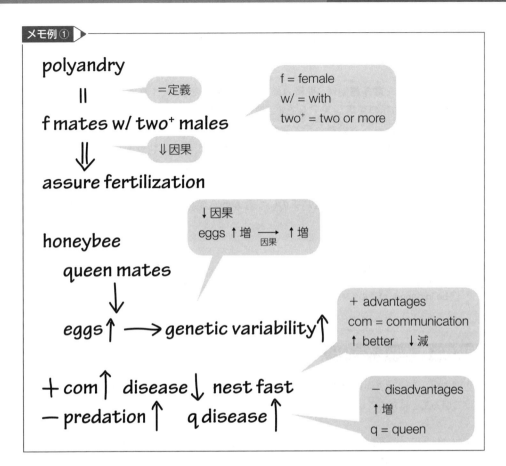

模範解答① SS2_03smpl1

According to the reading, polyandry is a mating system in the animal kingdom in which one female mates with more than one male to increase the assurance of fertilization. The professor offers honeybees as an example of this system. The queen mates with multiple partners, returns to the nest and lays a vast number of eggs, which diversifies her gene pool. The possible advantages of this are to improve communication when locating food sources, increase the resistance to disease, and create a nest faster. However, the disadvantages include being in danger of predation as the queen flies away from the nest and receiving illnesses

| Set | 2 | スピーキング問題3 | Integrated Task | 解説 |

from any of the males. (109 words)

文章によると、一雌多雄制は、受精の成功率を高めるために、1匹のメスが複数のオスと交尾する動物界の交尾システムです。教授はこのシステムの例としてミツバチを挙げています。女王は複数の雄バチと交尾したら、巣に戻って膨大な数の卵を産みます。すると女王の遺伝子給源が多様化します。これの考えられる利点としては、食料を見つけるときのコミュニケーションを改善し、病気に対する抵抗力を高め、そして巣作りを速くすることがあります。しかし、欠点としては、女王が巣から飛び去るときに捕食の危険にさらされたり、雄バチのいずれかから病気をうつされたりすることが挙げられます。

□mate つがう □assurance 保証 □fertilization 受胎、受精 □diversify …を多様化する
□gene pool 遺伝子プール ➡ ある集団における遺伝子の総体 □locate = find …を見つける
□be in danger of …の危険がある □predation 捕食

模範解答❶ 解説レクチャー

冒頭でリーディング中に出てくる polyandry の説明を述べ、教授がミツバチをその例に挙げていることに触れています。

設問では advantages と disadvantages に触れることが求められていますので、きちんと3つの利点と2つの欠点を述べています。

advantages と disadvantages に答えるというのが設問です。多くの受験者は、リーディングをまとめたり、女王バチがすることを答えようとしたりして、時間切れになってしまいます。設問に答えることとポイントの欠落に注意してください。

114

メモ例 ②

Ⓡ polyandry
mating sys

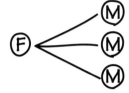

Ⓛ ✗ very rare
① honeybees
- 1 queen, nest
- lay eggs → gene identical
- leaves nest
- mate
- pheromone
- 20, 30 males
- benefits (gene diversity / resist disease / locate food)
- disadv. (eaten, disease) ?

Set 2 スピーキング問題3 | Integrated Task | 解説

模範解答② 🔊 SS2_03smpl2

In the reading passage, polyandry is explained as a mating system whereby one female mates with multiple males. According to the passage, polyandry is extremely rare although it is practiced more frequently by fish, birds and insects. One common example is honeybees, which is elaborated on in the lecture. In the bees' nest, there is one queen and the queen mates with about 30 males and lays thousands of eggs. The lecturer then goes on to discuss the pros and cons of polyandry in the case of honeybees. Advantages include enhanced resistance to diseases and higher communication skills, whereas disadvantages are increased risk of predation for the queen and the queen's higher exposure to diseases from multiple mates. (118 words)

文章には、一雌多雄制は、1匹のメスがたくさんのオスと交尾する交尾システムだと説明されています。文章によると、一雌多雄制は魚、鳥、昆虫には他の動物より頻繁に見られますが、非常にまれです。一般的な例の1つは、講義で詳しく説明されているミツバチです。蜂の巣には、1匹の女王がいて、女王は約30匹のオスと交尾し、数千個の卵を産みます。その後、講師はミツバチの一雌多雄制の利点と欠点について話しています。利点には、病気に対する抵抗力の強化と高いコミュニケーションスキルがありますが、欠点は、女王が捕食されるリスクの増加と、女王が多数の交尾相手から病気をうつされる危険が高まることです。

- ☐ whereby（関係副詞）それによって…する (= by which) ☐ elaborate on …を詳しく説明する
- ☐ lay an egg 卵を産む ☐ go on to *do* 次に…する ☐ the pros and cons メリットとデメリット
- ☐ whereas …であるのに対して ☐ exposure to（危険など）にさらされること

Speaking Section

模範解答 ❷ 解説レクチャー

リーディングパッセージを引用する際、最初の文では In the reading passage ....、その次の文では According to the passage ... を使用し、異なる表現を組み合わせることにより、繰り返しの印象を与えないようにしています。また、最初の文で polyandry の定義を、そしてその次の文で補足説明を提供することにより、それぞれの情報が際立つよう配慮しています。同様に、polyandry の具体例である honeybees を紹介する際も、One common example is ... を具体例の導入とし、その後の In the bees' nest ... で、詳しい説明をしています。最後に、利点と欠点を紹介する際には、質問文で使用された advantages、disadvantages ではなく、pros、cons を使うことにより、豊富な語彙力を示しています。

Unit 3 本試験形式問題演習 Set 2

スピーキング問題 4 | Integrated Task

Lecture

● 問題演習の流れ（下記の解答方法を必ずお読みください）

- □ スマートフォンや IC レコーダー等の録音機器を用意してください。
- □ 録音開始 ➡ 音声ファイル（SS2_04.mp3）スタート ➡ 問題英文リスニング ➡ 準備 20 秒 ➡ 解答 60 秒 ➡ 録音終了 ➡ 解答の書き起こし　という流れで解答します。
- □ 20 秒間の準備の前に、Begin preparing your response after the beep. と音声が流れます。
- □ 60 秒間の解答の前に、Begin speaking after the beep. と音声が流れます。
- □ 60 秒のスピーキング解答時間は、「ピー」という音で終わります。

● WEB 解答方法

- □ 本試験と同様の方法で取り組みたい場合は、Web で解答できます。
- □ インターネットのつながるパソコン・スマートフォン等で、以下のサイトにアクセスして Web 上で解答してください。

eytester.com

- □ 操作方法は、P.11–12 の「USA Club Web 学習の使い方」をご参照ください。

Speaking Section

● 学習の記録

学習開始日	年　　　月　　　日	学習終了日	年　　　月　　　日

学習メモ▶

....

....

....

....

....

....

学習開始日	年　　　月　　　日	学習終了日	年　　　月　　　日

学習メモ▶

....

....

....

....

....

....

学習開始日	年　　　月　　　日	学習終了日	年　　　月　　　日

学習メモ▶

....

....

....

....

....

....

Set 2 スピーキング問題4 | Integrated Task | 音声/問題

🎙 録音を開始してから、音声を流してください。

🔊 SS2_04

Using points and examples from the lecture, explain the Caligula Effect.

Preparation Time: 20 seconds
Response Time: 60 seconds

MEMO ▶

Speaking Section

MEMO

⇨ 録音が終ったら、次ページに自分の解答音声を書き起こしてください。

Set 2 スピーキング問題4 | Integrated Task | 書き起こし

録音した自分の音声を書き起こしてください。

Speaking Section

単語数と点数の目安 (Integrated)

□120～：30 点　□119～110：27−29 点　□109～100：24−26 点
□99～90：21−23 点　□89～80：18−20 点　□79～70：15−17 点

Set 2 スピーキング問題4 | Integrated Task | Listening Script

 SS2_04script

There are many powerful marketing techniques used in business. Today, I'll talk about the so-called "Caligula Effect" used in marketing. The Caligula Effect is a term used in psychology. When someone says, "Don't read this magazine," you become more interested in the magazine. If someone tells you, "Don't go to that place," you start thinking, WHY? And now you want to go to the place and see what's there. Psychologically, people become more interested if something is prohibited. This is the "Caligula Effect." The Caligula Effect is often used in marketing. I'll give you two examples.

Here's the first one. A TV commercial from a coffee maker says something like this: "Don't buy this coffee if you are satisfied with the coffee you usually drink." In short, the commercial tells you not to buy it. But somewhere in your mind, you're wondering what the new coffee tastes like. Maybe you're happy with the coffee you usually drink. And you don't know if the advertised new coffee is better tasting or not. Still, you can't help yourself but to try the coffee.

Next, the second example… Some movies have a label "PG13." In a sense, this basically means "Don't watch this movie if you are younger than 13 years old." If you see that, you might think something like "Which part of the movie is not suitable for children?" or "Are there any too exciting scenes in it?" By saying PG13 and restricting the viewers, the movie promoter is actually successfully attracting more viewers. By the way, "Caligula" is the name

ビジネスには多くの効果的なマーケティング手法が使われています。今日はマーケティングで用いられている、いわゆるカリギュラ効果についてお話ししましょう。カリギュラ効果は心理学で使われている用語です。人は誰かに「この雑誌は読まないでください」と言われると、かえってその雑誌に興味を抱くようになります。「あの場所には行かないでください」と言われれば、なぜ行ってはだめなのかと考えるようになり、その場所に行って何があるのか見たくなります。心理学的には、人は禁止されると、さらに強い興味を持つようになるのです。これがカリギュラ効果です。カリギュラ効果はマーケティングでよく使用されています。2つの例を挙げましょう。

最初の例は、「普段飲んでいるコーヒーに満足ならこのコーヒーを買わないでください」というようなメッセージが流れるコーヒーの会社のテレビCMです。つまり、そのCMは商品を買わないようにと言っているわけです。しかし、人々は心のどこかで新しいコーヒーはどんな味がするのだろうと疑問に思っているのです。普段飲んでいるコーヒーに満足しているかもしれませんし、宣伝されている新しいコーヒーの方が美味しいのかどうかわからないわけですが、我慢できずに新しいコーヒーを飲んでみてしまうのです。

次に2番目の例にいきましょう。PG13に指定されている映画がありますが、これは、ある意味、簡単に言ってしまえば「13歳未満はこの映画を観ないでください」ということです。これを見た人は、「この映画のどの部分が子供に不適切なのだろう」とか「この映画には過激すぎるシーンがあるのだろうか」というようなことを考えるかもしれません。PG13に指定して視聴者を限定す

Speaking Section

of an emperor in Ancient Rome, and there was a movie about him. However, the movie was extremely violent, and it was prohibited. Actually, I've seen the movie, but it was really violent. So, don't try to look for the movie online. Even if you find it, don't watch it.

ることにより、実は、映画宣伝業者はかえって多くの視聴者を引きつけているのです。ところで、カリギュラは古代ローマの皇帝の名前で、この皇帝を題材にした映画もありました。しかしながら、その映画は非常に暴力的で、上映禁止になってしまいました。実をいうと、私はその映画を観たことがあるのですが、本当に暴力的でした。だからインターネットでその映画を探すようなことはしないでくださいね。もし見つけたとしても、観てはだめですよ。

- ☐ Caligula カリギュラ (A.D. 12-41。残虐と浪費で知られるローマ皇帝 Gaius Caesar のあだ名)
- ☐ Caligula Effect カリギュラ効果 (禁止をすることでかえって興味が湧く心理現象)

Using points and examples from the lecture, explain the Caligula Effect.

講義からの論点や例を用い、カリギュラ効果を説明してください。

Set 2 スピーキング問題4 Integrated Task 解説

メモ例①

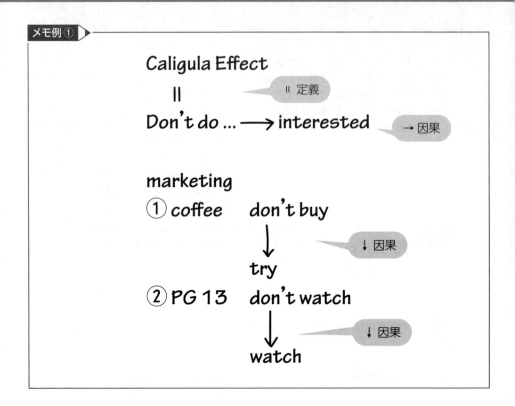

模範解答①  SS2_04smpl1

The Caligula Effect is a concept in which people are advised to avoid doing something, and because of this, they become more interested in trying it. The professor explains how it is used in business marketing by citing two examples. The first is a TV commercial telling its viewers not to purchase its coffee if they are content with the coffee they drink. This commercial was successful in interesting the viewers and making them try it to confirm whether it tastes better or not. The second example is a movie rating, "PG 13." This denotes "Don't watch the movie if you're younger than 13." This often succeeds in attracting more viewers, who wonder which parts are not suitable for children or if there are a lot of exciting scenes in it. (131 words)

Speaking Section

カリギュラ効果は、何かをしないようにアドバイスされると人はかえってそれをやってみることに興味を持つようになるという概念のことです。教授は、2つの例を挙げて、これがビジネスマーケティングでどのように使用されているかを説明しています。1つ目は、視聴者が、飲んでいるコーヒーに満足している場合はコーヒーを購入しないように指示するテレビコマーシャルです。このコマーシャルは、視聴者の興味をそそり、味が良いかどうかコーヒーを飲んでみさせることに成功しました。2番目の例は、映画のレイティング「PG13」です。これは、「13歳未満の人はこの映画を見ないでください」という意味です。この指定によって、多くの場合、どの部分が子供に適していないのかとか、激しいシーンはたくさんあるのかとか思ってしまう多くの視聴者が引きつけられます。

□ advise X to *do* X に…するよう忠告する　□ cite …を引用する　□ be content with …に満足する
□ be successful in …に成功する　□ denote …を意味する・示す　□ succeed in …に成功する
□ wonder …かと思う ➡ 後に WH 節が来る場合は think ではなく wonder を置く
□ be suitable for …に適している

模範解答 ❶　解説レクチャー

教授が述べた Caligula Effect の具体例を2つ説明していきます。

1つ目はコーヒーのコマーシャル、2つ目は映画の PG 13 です。どちらも「するなといわれるとしたくなる」という例なので、これがどうマーケティングで利用されるのかを述べる必要があります。1つ目は過去形、2つ目は現在形で述べることに注意してください。

Set 2 | スピーキング問題4 | Integrated Task | 解説

メモ例②

Caligula Effect

marketing

psych

Don't read magz
　　　↘ more interested

Don't go ～
　　　↘ want to go

prohibited → interested

① coffee maker

Don't buy if satisfied
　　　→ taste ?

happy but interested

② movies labeled

PG 13

which part ✕

restrict → interested

✕ emperor

✕ Rome

Don't watch ☺

Speaking Section

📢 模範解答 ❷   🔊 SS2_04smpl2

In the lecture, the professor talked about a psychological effect called the Caligula Effect. In a nutshell, the Caligula Effect refers to people's tendency to become interested in things that are prohibited. The professor used two examples to illustrate the concept. In the first example, the professor introduced a TV commercial for a new coffee. The commercial tells viewers not to buy the product if they are satisfied with the one they are drinking now. The second example provided by the professor was about movies. Some movies have age restrictions indicated by a label such as PG13. By limiting the audience, the coffee maker and film distributors are effectively promoting their products.
(112 words)

講義では、教授がカリギュラ効果と呼ばれる心理的効果について話していました。一言で言えば、カリギュラ効果とは、人々が禁止されていることに興味を持つようになる傾向があることを指します。教授は2つの例を使用してその概念を説明しました。最初の例では、教授が新しいコーヒーのテレビコマーシャルを紹介しました。そのコマーシャルは、視聴者に対し、今飲んでいるものに満足しているならばこの製品を購入しないように、と指示しているのです。教授が挙げた2番目の例は映画についてでした。一部の映画には、PG13などの指定で示される年齢制限があります。視聴者を限定することによって、コーヒーメーカーも、映画配給業者も、効果的に自分たちの商品を宣伝しているのです。

- ☐ psychological 心理的な ☐ effect 効果、作用 ☐ in a nutshell 要するに、つまり
- ☐ refer to …を指す ☐ tendency 傾向 ☐ illustrate（実例などを挙げて）…を説明する
- ☐ age restriction 年齢制限 ☐ distributor 配給業者

Set 2 スピーキング問題4 | Integrated Task | 解説

模範解答 ❷ 解説レクチャー

Caligula Effect の短い定義、そして具体例という構成ですが、具体例の前に The professor used ... と述べることにより、講師がどのような方法で Caligula Effect を説明しているのかを明確にしています。また、この後いくつの具体例の説明が続くのか述べることで、続く情報のプレビューの役割も果たしています。具体例の紹介ですが、最初の例は In the first example ....、その次の具体例は The second example ... という風に異なったスタイルで導入しています。2つ目の具体例は、In the second example ... のように紹介することもできますが、あえて違った文体にすることでメリハリをつけています。

最初の文章で、In the lecture, the professor talked about... と過去形で切り出しています。これは現在形でも過去形でも構いません（ただしスピーチを通じて一貫させることは重要です）。一方でカリギュラ効果の実用例を説明する部分は現在形になっています。いつ現在形にするか、過去形にするか、ということについては、以下の判断基準を持っておくと本番で迷うこともなくなり良いでしょう。

- 過去に起こって既に終わったこと　→　過去形にする（例：恐竜が滅んだ）
- 過去に起こったが今でもその状態が続いているもの　→　現在形にする（例：謎の球体の重さが１トンもある）
- 今起こっていること　→　現在形または現在進行形（例：植物が減っている）

過去に起こったが今でもその状態が続いているかどうか不明な場合は、現在形でも過去形でもいずれでも構いませんが、スピーチを通じて統一はさせましょう。これは他のスピーチでも、また Writing の Integrated でも共通の判断基準となります。

Speaking Section

Unit 4 本試験形式問題演習 Set 3

スピーキング問題1 … 132~142
(Independent Task)
スピーキング問題2 … 144~157
(Integrated Task: Reading + Listening)
スピーキング問題3 … 158~171
(Integrated Task: Reading + Listening)
スピーキング問題4 … 172~184
(Integrated Task: Listening)

＊問題毎に、模範解答と解説が掲載されています。

Unit 4 本試験形式問題演習 Set 3

スピーキング問題1 | Independent Task

Giving an Opinion

● 問題演習の流れ（下記の解答方法を必ずお読みください）

- [ ] スマートフォンや IC レコーダー等の録音機器を用意してください。
- [ ] 録音開始 ➡ 音声ファイル（SS3_01.mp3）スタート ➡ 問題英文音声 ➡ 準備 15 秒 ➡ 解答 45 秒 ➡ 録音終了 ➡ 解答の書き起こし　という流れで解答します。
- [ ] 15 秒間の準備の前に、Begin preparing your response after the beep. と音声が流れます。
- [ ] 45 秒間の解答の前に、Begin speaking after the beep. と音声が流れます。
- [ ] 45 秒のスピーキング解答時間は、「ピー」という音で終わります。

● WEB 解答方法

- [ ] 本試験と同様の方法で取り組みたい場合は、Web で解答できます。
- [ ] インターネットのつながるパソコン・スマートフォン等で、以下のサイトにアクセスして Web 上で解答してください。

eytester.com

- [ ] 操作方法は、P.11–12 の「USA Club Web 学習の使い方」をご参照ください。

Speaking Section

● 学習の記録

学習開始日	年　　　月　　　日	学習終了日	年　　　月　　　日

学習メモ ▶

学習開始日	年　　　月　　　日	学習終了日	年　　　月　　　日

学習メモ ▶

学習開始日	年　　　月　　　日	学習終了日	年　　　月　　　日

学習メモ ▶

Set 3 | スピーキング問題1 | Independent Task | 音声／問題

🎙 録音を開始してから、音声を流してください。

🔊 SS3_01

Do you agree or disagree with the following statement? Greater support should be provided for minority students in the form of financial aid or scholarships.

Preparation Time: 15 seconds
Response Time: 45 seconds

MEMO ▶

Speaking Section

MEMO

⇨ 録音が終ったら、次ページに自分の解答音声を書き起こしてください。

Set 3

スピーキング問題1 | Independent Task | 書き起こし

録音した自分の音声を書き起こしてください。

Speaking Section

単語数と点数の目安 (Independent)

☐110〜：30点　☐109〜100：27−29点　☐99〜90：24−26点
☐89〜80：21−23点　☐79〜70：18−20点　☐69〜60：15−17点

Set 3 スピーキング問題1 Independent Task 解説

> Do you agree or disagree with the following statement? Greater support should be provided for minority students in the form of financial aid or scholarships.

以下の意見に賛成ですか、反対ですか。
「少数派の生徒には、金銭的な援助や奨学金の形で、より大きな支援を提供する必要がある」

模範解答 ① 　SS3_01smpl1

> I agree with the idea that ethnic minority students should receive larger scholarships. This is because they are usually, if not always, disadvantaged in several ways. For example, a number of Hispanics are poorer than whites in the US. They sometimes do not have access to good education because there are no good schools around their communities or some have to work to sustain their family. Given this, more financial assistance should be granted to students who are minorities. (79 words)

私は、少数派の学生のほうが奨学金を多く受け取るべきであるという考えに同意します。なぜなら、常にではないにしても、大抵の場合、いくつかの点で彼らが不利な立場にあるためです。たとえば、米国ではヒスパニックの多くは、白人よりも貧しいです。住んでいる地域に良い学校がなかったり、家族を養うために働かなければならなかったりして、良い教育を受けることができないことがあります。これを踏まえると、マイノリティの学生により多くの学資援助を与えるべきです。

- □ ethnic 民族の、人種の □ scholarship 奨学金 □ if not …ではないにしても
- □ have access to …を享受する権利・機会がある □ given …を考慮すると □ grant …を与える

Speaking Section

模範解答 ❶ 解説レクチャー

マイノリティに奨学金をより多く与えるべきかを問う問題です。日本人にとっては馴染みの薄い事柄も TOEFL では問われるので要注意です。

模範解答 ① は不利益を被っていることに触れ、アメリカでのヒスパニックの事情について触れています。

模範解答 ❷ SS3_01smpl2

I disagree with the idea that larger scholarships should be presented to students who represent minorities. This is because it is not fair if people of a specific ethnicity have the privilege. There are some students in majority groups who are as in need and require as much financial help as minorities. They should be treated fairly based on factors such as their academic success as well as family situations but not on skin color or family lineage. (78 words)

マイノリティを代表する学生に、より多くの奨学金を支給すべきだという考えには賛成できません。なぜなら、特定の民族の人々が特権を持ったら公平ではなくなるからです。マジョリティのグループにも、マイノリティと同じくらい困窮して経済的援助を必要としている学生がいます。学業での成功や家族の状況などの要因に基づいて公正に扱うべきであり、肌の色や家柄に基づいて扱うべきではありません。

- □ it is not fair if ... it は if 節を指す   □ lineage 家系、家筋

Set 3 スピーキング問題1 Independent Task 解説

模範解答 ❷ 解説レクチャー

模範解答 ② では不公平であるということに触れ、人種的にはマジョリティでもお金がない人について触れています。scholarship は financial assistance や financial help と言い換えられます。

このように具体例は自分の経験である必要はありません。また解答で述べている自分の経験は全てフィクションです。論理的に正しい英語で説得力を持って話せるか問うている試験なので、あまりにひどいものでなければ内容は事実でなくても構わないのです。

模範解答 ❸ SS3_01smpl3

I'm all in favor of extending more financial aid to students, but I believe financial aid should be available to any students who may need it regardless of their background, so I disagree with the given statement. In my opinion, all students should have the same chance of being awarded a scholarship and the selection criteria should concern applicants' past achievements and their potential rather than the personal attributes they're born with. I have seen many motivated, outstanding students who struggled financially. I thought this was not fair. What we need is financial aid for everybody not financial aid specifically targeting minorities. (102 words)

私は学生にもっと多くの学資援助を提供することには賛成ですが、育ちに関係なく、学資援助を必要とする可能性のあるすべての学生が利用できるようにすべきだと思うので、その意見には反対です。私見では、奨学金を授与される機会はすべての学生に平等であるべきで、選択の基準も、個人の生まれつきの属性ではなく、応募者の過去の業績と可能性を考慮すべきです。私は、意欲があってずばぬけていても、資金面で苦しんでいる学生を多く見てきました。このことを私は公平ではないと思っていました。私たちに必要なのは、特にマイノリティを対象とした学資援助ではなく、すべての人のための学資援助なんです。

- □ be (all) in favor of *doing* …することに賛成である □ extend [deliver] aid to …を援助する
- □ regardless of …にかかわらず □ background 背景、生育環境

Speaking Section

- award A B　AにB（奨学金や賞など）を与える　☐ selection criteria　選択基準
- concern　…に関係している　☐ achievements　業績、功績　☐ attribute　属性、特性
- motivated　意欲的な　☐ outstanding　傑出した、ずばぬけた　☐ target　…を目標に定める

模範解答 ❸　解説レクチャー

I'm (all) in favor of ... は、I agree with ... と同じ意味の表現で、Do you agree or disagree with ... の問題で使用することにより、表現にバラエティーを持たせることができます。また、同様の目的で、問題英文で使用されている provide を、extend で言い換えています。

意見を述べる表現に I think that ... がありますが、この解答では In my opinion ... を使用しています。I think that ...、I believe that ... と合わせて覚えておくと便利な表現です。

What we need is ... は、We need ... の強調構文で、「…こそが私たちには必要である」のように、…部分を強調する目的で使っています。

模範解答 ❹　 SS3_01smpl4

I agree with the given statement. First, for school to enrich the cultural diversity of the campus, it is a good idea to provide a larger amount of financial support to minority students. The school I went to accepted many students from various cultures, and students could learn from each other in such a culturally diverse environment. This was made possible because of the scholarships. Second, some of the minority students are there for some reasons. Many of them are victims of wars or conflicts. There are humanitarian reasons why we should support them. I had some Vietnamese friends and they were descendants of war victims. I believe there are people whom we should support more.
(116 words)

| Set 3 | スピーキング問題1 | Independent Task | 解説 |

私は与えられた意見に賛成です。1つ目は、学校がキャンパスで文化の多様性を高めようとするために、より大きな資金的サポートをマイノリティの学生に提供するのは良い考えだということです。私が通った学校はさまざまな文化を背景に持った多くの学生を受け入れていて、学生はそのような文化的に多様な環境でお互いから学ぶことができました。これは奨学金によって可能となったものです。2つ目に、彼ら、彼女らの多くは理由があってそこにいるということです。その人たちの多くは戦争や紛争の被害者です。その人たちを支援する人道的な理由があるのです。私にはベトナム人の友人がいましたが、戦争被害者の子孫でした。支援をもっとするべき人たちはいると思います。

✎ □diversity 多様性 □victim 犠牲者 □conflict 紛争 □humanitarian 人道的な □descendant 子孫

模範解答❹ 解説レクチャー

長さ、コンテンツの量、語彙レベルすべての観点からレベルが高い模範解答です。30点満点を目指すという場合には、この模範解答のレベルを目指してみましょう。ネイティブ級の完全無欠なスピーチではなくても満点は出ますが、それなりの情報量と質は求められます。

自分の学生時代の話、仕事での経験など、すらすらと一定の難易度の語彙を交えながら話せるエピソードをいくつか持っておくのが効果的な対策です。

この模範解答を45秒で読んでみて、どの位のスピード感なのかを体験してみましょう。そこまで早口ではなくても、噛まずに、大きなギャップなく話すと意外といけてしまうかもしれません。早口で話そうとして詰まったりリピートしてしまうより、少しゆとりを持って、落ち着いてよどみなく話したほうが、結果的に単語数を出せた、という結果につながるものです。自分の optimum なペースを見つけましょう（その速度で常に話す！）。

Speaking Section

学習メモ▶

Unit 4　本試験形式問題演習 Set 3

スピーキング問題2 ｜ Integrated Task

An Article and Conversation between Two Speakers

● 問題演習の流れ（下記の解答方法を必ずお読みください）
- □ スマートフォンや IC レコーダー等の録音機器を用意してください。
- □ 録音開始 ➡ 音声ファイル（SS3_02.mp3）スタート ➡ 問題英文リーディング 45 秒 ➡ 問題英文リスニング ➡ 準備 30 秒 ➡ 解答 60 秒 ➡ 録音終了 ➡ 解答の書き起こし　という流れで解答します。
- □ 45 秒間のリーディングの前に、Begin reading after the beep. という音声が流れます。
- □ 45 秒間のリーディング時間は、「ピー」という音で終わり、リスニング音声が続けて流れます。
- □ 30 秒間の準備の前に、Begin preparing your response after the beep. と音声が流れます。
- □ 60 秒間の解答の前に、Begin speaking after the beep. と音声が流れます。
- □ 60 秒のスピーキング解答時間は、「ピー」という音で終わります。

● WEB 解答方法
- □ 本試験と同様の方法で取り組みたい場合は、Web で解答できます。
- □ インターネットのつながるパソコン・スマートフォン等で、以下のサイトにアクセスして Web 上で解答してください。

eytester.com

- □ 操作方法は、P.11–12 の「USA Club Web 学習の使い方」をご参照ください。

Speaking Section

● 学習の記録

学習開始日	年　　　月　　　日	学習終了日	年　　　月　　　日

学習メモ ▶

....

....

....

....

....

....

学習開始日	年　　　月　　　日	学習終了日	年　　　月　　　日

学習メモ ▶

....

....

....

....

....

....

学習開始日	年　　　月　　　日	学習終了日	年　　　月　　　日

学習メモ ▶

....

....

....

....

....

....

Set 3 スピーキング問題2 | Integrated Task 英文／音声／問題

録音を開始してから、音声を流してください。

SS3_02

Reading Time: 45 seconds

Prohibiting Skateboarding on Campus

There has been an increasing number of traffic accident reports on campus. Statistics show that the greatest increase is seen in collisions between pedestrians and student skateboarders. Given a situation where serious injuries are reported on a daily basis, the university must ban the use of skateboards on campus. To maintain a better flow of traffic on campus, the university will increase the number of campus buses running inside and around the campus. The buses connect buildings and departments, assuring swift access to every part of our university facilities while minimizing the number of accidents involving skateboarding.

The students express their opinions about the prohibition of skateboarding on campus. State their opinions and explain the reasons they give for holding those opinions.

Preparation Time: 30 seconds
Response Time: 60 seconds

Speaking Section

MEMO

⇨ 録音が終ったら、次ページに自分の解答音声を書き起こしてください。

Set 3

スピーキング問題2 | Integrated Task | 書き起こし

⇨ 録音した自分の音声を書き起こしてください。

Speaking Section

単語数と点数の目安 (Integrated)

☐ 120 〜 : 30 点　☐ 119 〜 110 : 27−29 点　☐ 109 〜 100 : 24−26 点
☐ 99 〜 90 : 21−23 点　☐ 89 〜 80 : 18−20 点　☐ 79 〜 70 : 15−17 点

Set 3 スピーキング問題2 Integrated Task 解説

Prohibiting Skateboarding on Campus

There has been an increasing number of traffic accident reports on campus. Statistics show that the greatest increase is seen in collisions between pedestrians and student skateboarders. Given a situation where serious injuries are reported on a daily basis, the university must ban the use of skateboards on campus. To maintain a better flow of traffic on campus, the university will increase the number of campus buses running inside and around the campus. The buses connect buildings and departments, assuring swift access to every part of our university facilities while minimizing the number of accidents involving skateboarding.

キャンパス内でのスケートボードの禁止について

キャンパス内での交通事故の報告件数が増え続けています。統計によると、歩行者とスケートボードを使用している学生との衝突が最も増加しています。連日、重傷者が発生している現状を鑑み、大学はやむをえずキャンパス内でのスケートボードの使用を禁止します。よりスムーズな交通の流れを維持するために、大学はキャンパス内、およびキャンパス周辺を走るバスの数を増やす予定です。バスは、建物や学部を結ぶことにより、スケートボードに起因する事故件数を最小限にするとともに、当大学施設のどこへでも短時間でのアクセスを確保します。

- □ an increasing number of ますます多くの… □ traffic accident 交通事故
- □ statistics（複数扱い）統計 □ collision 衝突 □ injury けが □ on a daily basis 日常的に
- □ ban …を禁止する (= prohibit) □ a flow of traffic 交通の流れ
- □ inside and around …の内部および周辺に □ assure …を確実にする
- □ swift access to …への移動のしやすさ □ facilities 施設 □ minimize …をできるだけ少なくする

スピーキング問題2 | Integrated Task | Listening Script

Speaking Section

🔊 SS3_02script

M: Did you hear that skateboarding will be prohibited on campus?

M: キャンパス内でスケートボードの使用が禁止される予定だそうですが、聞きましたか。

W: You're talking about the announcement released last week, right? It won't affect me, but I figure many students are not happy about that.

W: 先週発表されたお知らせのことですよね。私には影響はありませんが、不満な学生がたくさんいるでしょうね。

M: Indeed. I understand that the school's gotta do something to reduce the number of traffic accidents, but the target should not be skateboarders.

M: そうですよ。交通事故の件数を減らすために、学校が何かしなければならないということはわかりますが、スケートボーダーを標的にするべきではありません。

W: Do you use a skateboard?

W: スケートボードを使っているんですか。

M: Almost every day, yes. The real problem, though, is the sharp increase in students here. In short, there're too many students out there. Yes, we make up some of them, but it's no wonder more accidents happen in such a congested environment.

M: はい、ほぼ毎日。本当の問題は学生の数が大幅に増えたことなんですけどね。つまり、キャンパス内に学生が多過ぎるんです。もちろん、私たちもその一部なのですが、そんな混雑した所で事故が増えるのはしかたがありません。

W: I agree. I mean, why do skateboarders have to become the sole target of blame?

W: 同感です。つまり、なぜスケートボーダーだけが責められなければならないのでしょうか。

M: Right. There must be other measures the university can take, like providing designated pathways for skateboards and bicycles.

M: そうですよね。スケートボードや自転車のための専用道路を作るとか、大学ができる対策が他にあるはずです。

W: And another thing is that the bus network does not fully cover the whole campus.

W: それにバスの路線がキャンパス全体を完全には網羅していないこともあります。

M: Do you often use the campus bus?

M: キャンパスのバスをよく使っているん

151

Set 3 | スピーキング問題2 | Integrated Task | Listening Script

ですか。

W: No, but that's the point. It's very inconvenient, I have to say, and it can't fulfill the needs of most students. For example, there's no direct route between the dorm and the library. The same for many relatively small buildings.

W: いいえ。でも、肝心なのはそこなんです。現状はとても不便だと言わざるを得ませんし、ほとんどの学生のニーズを満たせていません。たとえば、寮と図書館を結ぶ直行ルートがありません。比較的小さい建物についても同じことが言えます。

M: And the service is not available late at night, is it? Considering all these things, banning skateboards in such a hasty fashion is not a wise option to take.

M: それに夜遅くは運行されていないですよね。これらすべてのことを考慮すると、スケートボードをこんな急に禁止することは賢明な選択ではありません。

✎ ☐release an announcement お知らせを発表する ☐affect …に影響を及ぼす ☐figure …だと判断する
☐have gotta do …しなくちゃならない (= have got to do) ☐reduce …を減らす
☐traffic accident 交通事故 ☐sharp increase in …の急増 ☐in short 簡単に言えば (つなぎ言葉)
☐make up …を構成する ☐it's no wonder (that 節) …なのは無理もない
☐congested 密集した、混雑した ☐sole ただひとつの ☐blame 非難
☐measures (複数形で) 対策、処置 ☐designate …を指定する ☐pathway 小道、細道
☐That's the point. そこが大事なところである。 ☐fulfill the needs ニーズを満たす
☐dorm 寮 (dormitory) ☐relatively 比較的 ☐considering …を考慮すると ☐hasty 性急な、軽率な
☐fashion 仕方、流儀 ☐take an option 選択する

📄 The students express their opinions about the prohibition of skateboarding on campus. State their opinions and explain the reasons they give for holding those opinions.

学生たちは、キャンパス内でのスケートボードの禁止について意見を述べています。彼らの意見を述べ、彼らがその意見を持っている理由を説明してください。

✎ ☐state …を述べる ☐hold an opinion 意見を持っている

スピーキング問題2 | Integrated Task 解説

メモ例①

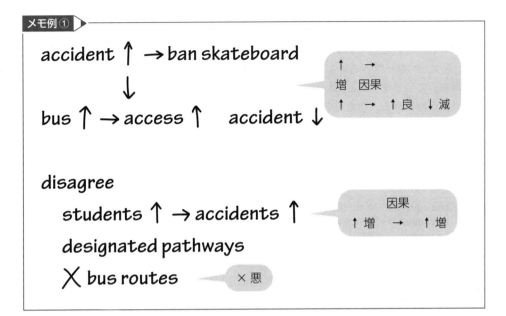

模範解答① 🔊 SS3_02smpl1

The university is planning to ban the use of skateboards on campus because there is a rise in accidents related to it. The students regard the proposal as unfair. First of all, the number of students, not skateboarders, is to blame. The rapid growth of the number of students has led to more accidents. Also, instead of prohibiting skateboarding, the university can create pathways for skateboarders and bicyclists. Another problem is the fact that the bus services are insufficient. In fact, many buildings are not linked on the bus route. Therefore, the university should focus more on these issues rather than punishing skateboarders. (103 words)

Set 3　スピーキング問題2　Integrated Task　解説

大学は、キャンパスでスケートボードに起因する事故が増加しているため、使用を禁止することを計画しています。学生はその提案は不公平だと思っています。まず第1に、スケートボーダーではなく、学生の数が原因なのです。学生数の急増により、事故が増加しています。また、スケートボードを禁止しなくても、大学はスケートボーダーや自転車に乗る人のための道路を作ることができます。もう1つの問題は、バスサービスが不十分であるという事実です。実際、多くの建物はバス路線でつながっていません。したがって、大学はスケートボーダーを罰するのではなく、前述の問題にもっと焦点を当てるべきです。

□ban = prohibit …を禁止する
□on campus キャンパスで ➡ 前置詞が in ではなく on であることに要注意
□be to blame …に責任がある ➡ 主語に責められる人や物事が来るので要注意　□insufficient 不十分な

模範解答 ❶ 解説レクチャー

リーディング中に出てくる、大学が学内のスケートボードを禁止するという計画とその禁止理由に関しはじめに触れています。その後学生が反対していることを述べます。学生数が増えているという事故増加の原因、そして解決策とさらにバスのルートの問題点を指摘しています。理由だけではなく他のポイントにも触れなければならないため厄介な問題です。

時間内にすべてのポイントについて触れなければならないため、話しきる練習が必要です。

154

Speaking Section

メモ例②

Ⓡ accidents campus ↗

b/w ped & skateboarders.

ban skateboarding

Ⓛ   M̲̲   F̲̲

many not happy

→ disagree.

disagree

1

too many students

congested → accident

(solution

↓

provide pathways

2

bus network

not sufficient

inconvenient

dorm → library

no direct route

right,

no service at night

Set 3 スピーキング問題2 | Integrated Task | 解説

🚩 模範解答❷ 🔊 SS3_02smpl2

The two students are against the prohibition of skateboarding on campus to curb the number of traffic accidents. According to the male student, the increase in the number of traffic accidents on campus is due to the congested environment of the campus. He claims that the recent sharp increase in students is causing major congestion on campus, making the campus vulnerable to traffic accidents. He thus claims that the university should implement other measures to deal with the increase in accidents such as constructing a pathway dedicated to skateboarders. The female student agrees with the man and goes on to cite the insufficient bus service on campus as a possible target of improvement. She asserts that the campus is not fully covered by the service and is failing to meet the needs of students. They argue that the university should address these areas first before deciding to ban skateboarding on campus. (151 words)

2人の学生は、交通事故の数を抑制するためにキャンパスでスケートボードを禁止することに反対しています。男子学生によると、キャンパス内の交通事故の増加は、キャンパスが混雑していることによるものです。彼は、最近の学生の急増がキャンパスに激しい混雑を引き起こしており、キャンパスを交通事故が起こりやすい環境にしていると主張しています。したがって、彼は、スケートボーダー専用の道路を建設するなど、大学は事故の増加に対処するための別の措置を実行すべきだと主張しています。女子学生は男性に同意し、改善の余地のある事案としてキャンパスの不十分なバスサービスについて話しています。彼女は、バスがキャンパスを完全にカバーしておらず、学生のニーズを満たしていないと主張します。彼らは、大学がキャンパス内のスケートボードの禁止を決定する前に、まずこれらの分野に取り組むべきだと主張しています。

- ☐ be against …に反対している ☐ prohibition 禁止 ☐ curb …を抑制する ☐ congested 混雑した
- ☐ claim that 節 …と主張する ☐ cause …を引き起こす ☐ be vulnerable to …に無防備である
- ☐ thus したがって、だから ☐ implement …を実行に移す ☐ deal with …に対処する・取り組む
- ☐ construct …を建造する ☐ dedicated to …専用の ☐ go on to do 次に…する
- ☐ cite A as B AをBとして挙げる ☐ insufficient 不十分な ☐ improvement 改良、改善
- ☐ assert that 節 …と主張する ☐ fail to do …しない、…しそこなう
- ☐ meet the needs of …のニーズを満たす ☐ argue that 節 …と(理由を示して)主張する
- ☐ address (問題など)を扱う

Speaking Section

模範解答 ❷ 解説レクチャー

be against ... は、「…に反対している」という意味で、スケートボードの禁止に反対する学生の立場を表現するために使われています。代替表現として、be opposed to ...、disapprove of ... などがあります。次の文にある be due to ... は、「…に起因して」という意味で、男子学生が主張している、交通事故とキャンパス内での混雑の間にある因果関係を紹介するのに便利な表現です。

The female student agrees ... の文にある cite A as B は、「A を B として挙げる」という意味を持ち、ある事柄を、何らかの現象の要因や理由として列挙する際に役立つ表現です。ここでは、不十分なバスサービスを改善点として挙げている、女子学生の意見を引用するために使用されています。

Unit 4　本試験形式問題演習 Set 3

スピーキング問題3 | Integrated Task

A Short Passage and Lecture

● 問題演習の流れ（下記の解答方法を必ずお読みください）

- [ ] スマートフォンやICレコーダー等の録音機器を用意してください。
- [ ] 録音開始 ➡ 音声ファイル（SS3_03.mp3）スタート ➡ 問題英文リーディング45秒 ➡ 問題英文リスニング ➡ 準備30秒 ➡ 解答60秒 ➡ 録音終了 ➡ 解答の書き起こし　という流れで解答します。
- [ ] 45秒間のリーディングの前に、Begin reading after the beep. という音声が流れます。
- [ ] 45秒間のリーディング時間は、「ピー」という音で終わり、リスニング音声が続けて流れます。
- [ ] 30秒間の準備の前に、Begin preparing your response after the beep. と音声が流れます。
- [ ] 60秒間の解答の前に、Begin speaking after the beep. と音声が流れます。
- [ ] 60秒のスピーキング解答時間は、「ピー」という音で終わります。

● WEB解答方法

- [ ] 本試験と同様の方法で取り組みたい場合は、Webで解答できます。
- [ ] インターネットのつながるパソコン・スマートフォン等で、以下のサイトにアクセスしてWeb上で解答してください。

eytester.com

- [ ] 操作方法は、P.11–12の「USA Club Web学習の使い方」をご参照ください。

Speaking Section

● 学習の記録

学習開始日	年　　月　　日	学習終了日	年　　月　　日

学習メモ ▶

学習開始日	年　　月　　日	学習終了日	年　　月　　日

学習メモ ▶

学習開始日	年　　月　　日	学習終了日	年　　月　　日

学習メモ ▶

Set 3 スピーキング問題3 | Integrated Task 英文／音声／問題

録音を開始してから、音声を流してください。

SS3_03

Reading Time: 45 seconds

Dry-testing

Sometimes you cannot buy what is being advertised even if you have enough money for it. Companies sometimes adopt a controversial marketing method called dry-testing. The core concept of dry-testing is that companies promote products or services that actually do not exist yet. The companies allocate budget and actually promote what they want to sell, but the real purpose of dry-testing is to see if the product or service, if really released, will sell well before they start allocating a large budget to the product development phase. Of course, to all paying customers, the companies provide a full refund for the nonexistent, or *dry*, product or service.

Using the information from the lecture, explain dry-testing.

Preparation Time: 30 seconds
Response Time: 60 seconds

Speaking Section

MEMO ▷

⇨ 録音が終ったら、次ページに自分の解答音声を書き起こしてください。

Set 3

スピーキング問題3 | Integrated Task | 書き起こし

⇨ 録音した自分の音声を書き起こしてください。

Speaking Section

単語数と点数の目安 (Integrated)

□120 〜 : 30 点　□119 〜 110 : 27 − 29 点　□109 〜 100 : 24 − 26 点
□99 〜 90 : 21 − 23 点　□89 〜 80 : 18 − 20 点　□79 〜 70 : 15 − 17 点

Set 3 スピーキング問題3 Integrated Task 解説

Dry-testing

Sometimes you cannot buy what is being advertised even if you have enough money for it. Companies sometimes adopt a controversial marketing method called dry-testing. The core concept of dry-testing is that companies promote products or services that actually do not exist yet. The companies allocate budget and actually promote what they want to sell, but the real purpose of dry-testing is to see if the product or service, if really released, will sell well before they start allocating a large budget to the product development phase. Of course, to all paying customers, the companies provide a full refund for the nonexistent, or *dry*, product or service.

ドライ・テスト

お金があっても、宣伝されている商品を購入できないことは時々あります。企業が時々、ドライ・テストと呼ばれる賛否両論のあるマーケティング手法を採用するからです。ドライ・テストの主要コンセプトは、まだ存在しない商品やサービスを宣伝するということです。企業は予算を割り当て、売りたいものを実際に宣伝するのですが、その商品やサービスが実際に販売された場合よく売れるのかどうかを、商品の開発段階で巨額の予算を割り当てる前に把握する、というのがドライ・テストの真の目的です。もちろん、企業は存在しない商品やサービスの代金を支払った顧客に対し、全額払い戻します。

- □ adopt（方針など）を採用する □ controversial 議論を引き起こす □ exist 存在する、現存する
- □ allocate …を割り当てる □ see if 節 …かどうかを確かめる □ development phase 開発段階
- □ a full refund 全額払い戻し □ nonexistent 存在しない

スピーキング問題3 | Integrated Task | Listening Script

Speaking Section

 SS3_03script

Today, we will discuss a super-powerful marketing technique called dry-testing. I typically introduce this topic only in my upper level class, Business 405, but today, since we've already covered all of the material for this semester, I'll share this technique with you. Imagine a situation where developing a product requires a tremendous amount of money, but no one is sure how well it will sell. Dry-testing is best-suited for such occasions. The test reveals the marketability of the product and a reasonable budget based on the marketing data. A certain boat company was aiming at selling a new luxury boat. Their target market was, of course, wealthy people, but the project would cost hundreds of thousands of dollars. The company, however, was not sure if there would be sufficient interest in purchasing it given the rather small target population. You know, not that many people can buy an expensive luxury boat, right? So that company went ahead and started selling the boat online using some images and specifications, even while it still did not exist. No matter how the company pushed, the boat did not sell well, miserably failing on a daunting level. What did the company do? It terminated the dry-testing advertisement, refunded the few orders it had received, and decided not to initiate the development of the product. This way, the company could avoid spending money on an unsuccessful development. The opposite can happen, of course. If the dry-testing proves the marketability of the product, the company can move forward full throttle. This method is very effective.

今日はドライ・テストと呼ばれる非常に効果的なマーケティング手法について説明します。通常、ドライ・テストは上級クラスのビジネス405でしか紹介しないのですが、このクラスはすでに今学期の項目をすべて学習したので、今日は皆さんにこのテクニックについてお話ししようと思います。商品を開発するのに莫大な費用が必要になるにもかかわらず、その商品がどのくらい売れるか誰もわからないという状況を想像してみてください。そのようなときに最適な手法がドライ・テストです。このテストは、商品の市場価値とマーケティングのデータに基づく合理的な予算を明らかにしてくれます。豪華船を販売しようとしているある船会社がありました。ターゲットの市場はもちろん富裕層でしたが、プロジェクトには何十万ドルもの費用がかかります。にもかかわらず、ターゲットの顧客層の薄さから、その会社は購入に興味を示す人が十分な数だけいるのか確信を持てていませんでした。ご存じの通り、豪華船を購入できる人はそう多くはありませんよね。そこでその会社は、船が存在すらしていない段階で、適当なイメージ画像やスペックを使い、インターネット上で船の販売を開始したのです。会社がどんな方法で売り込んでも、船はあまり売れず、気力をくじくほど無残な失敗に終わりました。その会社はどうしたのでしょうか。ドライ・テスト広告を終了し、数少ない受注に対して払い戻しを行ったうえで、商品の開発を始めないことにしたのです。船会社はこのようにして、失敗に終わる開発に資金をつぎ込むことを免れました。もちろん、逆の結果になることもあります。もしドライ・テストが商品の市場価値を証明するのであれば、会社は全力で開発を進めることができます。この方法はとても効果的なのです。

Set 3　スピーキング問題3｜Integrated Task｜Listening Script

If you master it, you could become an amazing asset to whatever firm you work for in the future. If you want to learn more about it, I highly recommend you take Business 405 the next semester.

もし使いこなすことができれば、皆さんは将来どのような会社に勤めていようとも、その会社にとって素晴らしい人材になることができるでしょう。ドライ・テストについてもっと知りたい人には、次の学期にぜひビジネス 405 を受講することをおすすめします。

- ☐ material 資料、題材　☐ semester 学期　☐ share A with B A を B に話す　☐ require …を必要とする
- ☐ tremendous 莫大な　☐ best-suited 最適な　☐ occasion 場合、時　☐ reveal …を明らかにする
- ☐ marketability 市場性　☐ aim at …を目指す　☐ wealthy 裕福な　☐ go ahead 思い切って…する
- ☐ specifications (複数形で) 仕様　☐ miserably 悲惨なほど　☐ fail 失敗する
- ☐ daunting やる気をなくさせるほどの　☐ terminate …を終わらせる　☐ refund …の代金を払い戻す
- ☐ initiate (計画など) に着手する　☐ prove …を証明する　☐ move forward 前進する
- ☐ full throttle 全力で　☐ asset 人材

📄 Using the information from the lecture, explain dry-testing.

講義からの情報を使って、ドライ・テストを説明してください。

スピーキング問題3 | Integrated Task | 解説

メモ例①

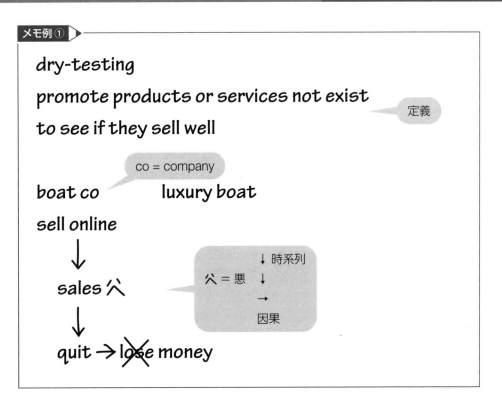

模範解答① SS3_03smpl1

According to the reading, dry-testing is a marketing method in which companies promote items or services which haven't been produced yet to know whether they will sell well before allocating a huge budget. The professor explains this by introducing a luxury boat as an example. They knew the project would cost a lot but were not certain if a small number of rich people would be interested in the product. So, the company started to sell it showing some pictures even though it didn't exist and saw how it would go. The product didn't sell well, and the company terminated the advertisement, which helped them not lose tons of money. The professor also adds that companies can actually sell their products if they are popular before being made. Therefore dry-testing is a very effective marketing method. (136 words)

| Set 3 | スピーキング問題3 | Integrated Task | 解説 |

文章によると、ドライ・テストは、企業がまだ生産されていないアイテムやサービスを宣伝して、莫大な予算を割り当てる前に売れるかどうかを知るマーケティング手法です。教授は、豪華船の例を紹介することによってこれを説明しています。彼らは、プロジェクトに多額の費用がかかることを知っていましたが、少数の富裕層がこの製品に興味を持つかどうかはわかりませんでした。それで、会社はまだ存在していなかったにもかかわらず、いくつかの写真付きでその販売を始め、どうなるかを見ました。製品は売れ行きが悪かったため、会社は広告を終了しました。これにより、彼らは莫大なお金を失うことはありませんでした。教授はまた、製品が製造される前に人気が出れば、企業は実際に販売できると付け加えています。したがって、ドライ・テストは非常に効果的なマーケティング手法です。

□ marketing マーケティング ➡ 市場を調査し、商品企画をし、宣伝広告を作るといった活動
□ allocate …を割り当てる □ budget 予算 □ terminate = discontinue …を終わらせる

模範解答 ❶ 解説レクチャー

まずリーディング中の dry-testing が何なのかについて述べます。

その後、船会社がこれを使用してどのようなマーケティングをしたのかを述べていきます。時系列を追いながら話し、dry-testing がどのように役だったのかを話します。

人気があったら販売できるというポイントを最後に加えています。

Speaking Section

メモ例②

Ⓡ Dry-testing
   promote products   ✕ exist
   see marketability

Ⓛ marketing tech
   ✕ Biz 405
      product requires tremendous $
      no one is sure.
      ↓
      Dry-testing.
      reveals marketability
      (e.g.)
      boat company
      luxury boat
       ↗ budget
      not sure
      started sell online
      still did not exist
      the boat didn't sell
      terminated
      refunded
      avoid spending $

Set 3 スピーキング問題3 Integrated Task 解説

模範解答❷ SS3_03smpl2

Dry-testing is a marketing strategy which involves advertising a product that doesn't exist yet, the objective being to assess the demand of the product before actually developing it. The professor explains the method through an example of a boat company which was trying to sell a luxury boat. Because of the small size of the market for expensive luxury boats, the company implemented dry-testing. Against the company's hopes, the promotion led to few orders from customers. As a result, the company decided not to go ahead with the original plan of selling the boat. Because the company was able to predict the demand for its product, it was able to avoid incurring large losses from developing a potentially unpopular product. (120 words)

ドライ・テストは、まだ存在しない製品を宣伝することを伴うマーケティング戦略であり、その目的は、実際に製品を開発する前に製品の需要を予測することです。教授は、豪華船を売ろうとした船会社の例を通してその方法を説明しています。高価な豪華船の市場規模は小さいため、その会社はドライ・テストを実施しました。会社の希望に反して、販売活動は顧客からの注文にほとんどつながりませんでした。その結果、その会社は当初の船の販売計画を進めないことを決めました。その会社は自社製品の需要を予測することができたため、売れない可能性のある製品の開発による大きな損失を回避することができました。

- □ marketing strategy マーケティング戦略 □ involve …を含む □ objective 目的
- □ assess …を評価する □ implement …を実施する □ lead to （結果として）…となる
- □ go ahead with （計画・仕事など）を進める □ predict …を予測する □ avoid doing …するのを避ける
- □ incur （損失など）を受ける □ potentially もしかすると

Speaking Section

模範解答 ❷ 解説レクチャー

冒頭の文で Dry-testing を説明する際、Dry-testing is a marketing strategy と短く定義し、その後で関係代名詞の which を使い、より詳しく描写をしています。これは、Integrated Speaking で頻出の、名称を説明する問題の解答で効果的な表現です。

具体例を紹介するときの導入は For example、For instance などがありますが、ここでは The professor explains the method through an example of ... としました。こうすることで、講義内での具体例の役割がより明確になり、また高い表現力を見せることもできます。

最後に、この文の後で、具体例を詳しく説明する文を入れることにより、自然な流れで定義から事例に移っています。

Unit 4　本試験形式問題演習 Set 3

| スピーキング問題4 | Integrated Task |

Lecture

● 問題演習の流れ（下記の解答方法を必ずお読みください）

- □ スマートフォンや IC レコーダー等の録音機器を用意してください。
- □ 録音開始 ➡ 音声ファイル（SS3_04.mp3）スタート ➡ 問題英文リスニング ➡ 準備20秒 ➡ 解答60秒 ➡ 録音終了 ➡ 解答の書き起こし　という流れで解答します。
- □ 20秒間の準備の前に、Begin preparing your response after the beep. と音声が流れます。
- □ 60秒間の解答の前に、Begin speaking after the beep. と音声が流れます。
- □ 60秒のスピーキング解答時間は、「ピー」という音で終わります。

● WEB 解答方法

- □ 本試験と同様の方法で取り組みたい場合は、Web で解答できます。
- □ インターネットのつながるパソコン・スマートフォン等で、以下のサイトにアクセスして Web 上で解答してください。

eytester.com

- □ 操作方法は、P.11-12 の「USA Club Web 学習の使い方」をご参照ください。

Speaking Section

● 学習の記録

学習開始日	年　　　月　　　日	学習終了日	年　　　月　　　日

学習メモ ▶

．．．

．．．

．．．

．．．

．．．

．．．

学習開始日	年　　　月　　　日	学習終了日	年　　　月　　　日

学習メモ ▶

．．．

．．．

．．．

．．．

．．．

．．．

学習開始日	年　　　月　　　日	学習終了日	年　　　月　　　日

学習メモ ▶

．．．

．．．

．．．

．．．

．．．

．．．

Set 3 スピーキング問題4 | Integrated Task 音声/問題

🎙 録音を開始してから、音声を流してください。

🔊 SS3_04

Using points and examples from the lecture, explain the technical advancements achieved by the Romans.

| Preparation Time: 20 seconds |
| Response Time: 60 seconds |

MEMO ▶

Speaking Section

MEMO

⇨ 録音が終ったら、次ページに自分の解答音声を書き起こしてください。

Set 3

スピーキング問題4 | Integrated Task | 書き起こし

⇨ 録音した自分の音声を書き起こしてください。

Speaking Section

単語数と点数の目安 (Integrated)

☐ 120 ～ : 30 点　☐ 119 ～ 110 : 27 − 29 点　☐ 109 ～ 100 : 24 − 26 点
☐ 99 ～ 90 : 21 − 23 点　☐ 89 ～ 80 : 18 − 20 点　☐ 79 ～ 70 : 15 − 17 点

Set 3 | スピーキング問題4 | Integrated Task | Listening Script

🔊 SS3_04script

We will continue exploring architectural revolutions seen in the time of the Roman Republic and Empire. Buildings in Rome had to meet the needs of its increasing population confined in urban areas. The buildings became bigger and taller to accommodate more residents. Large public facilities were also built. You know, conference halls, theaters, sports facilities like the Colosseum, aqueducts, bridges and even public baths... they all served to support the life of the Romans.

Well, there are mainly two technical breakthroughs worth mentioning. The first one is the arch. Buildings before this time were mainly made of columns and straight beams. There was no curve in buildings. Everything was straight, straight, straight. This simple structure is not resistant to downward pressure and is rather unstable. Therefore, no tall structures could be built and well-maintained prior to this time. Arches changed it all. You stack some stones like so to make a curved shape. This semi-circular shape is called an arch. An arch shows great durability against pressure, so you can put more stones on top of the arches. As a result, buildings with arches could be built taller and bigger.

The second breakthrough was concrete. You all know concrete right? You mix water, sand, and cement to make concrete. Concrete is widely used in our lives, and it all started from the Romans. Before that, people used only stones and wood for architecture. Concrete nicely strengthened the durability of buildings. Thanks to concrete, buildings became

引き続きローマ共和国およびローマ帝国で見られた建築の革命について見ていきましょう。ローマの建物は、都市部だけに見られた人口増加がもたらすニーズを満たす必要がありました。増え続ける居住者を収容すべく、建物はより大きく、そしてより高くなり、巨大な公共施設も建てられました。会議場、劇場、コロセウムのようなスポーツ施設、水路、橋、さらに公共浴場までもが建てられたのです。これらの施設はローマ人の生活を支えるのに役立ちました。

えー、特筆に値する技術革新は主に2点あります。1つ目はアーチです。この時代以前の建物は、主に柱と真っすぐな梁（はり）によって構成されていました。建物に曲線はなかったのです。すべてがまっすぐでした。この単純な構造は下向きの圧力に弱く、かなり不安定なものです。そのため、この時代以前は、高い建物を建て、きちんと管理することはできませんでした。アーチがこれらすべてを変えたのです。このように石を積み重ね、曲線を形作ります。この半円形がアーチと呼ばれるものです。アーチは圧力に対する耐久性が優れているため、アーチの上にはより多くの石を載せることができます。結果として、アーチを用いた建物はますます高く大きくなりました。

2つ目の革新はコンクリートでした。皆さん、コンクリートはご存じですね。水と砂とセメントを混ぜるとコンクリートができます。コンクリートは私たちの生活に幅広く使われていますが、その始まりはローマ人でした。コンクリートがない時代は、石と木のみが建築に使用されていました。コンクリートによって建物の耐久性は大きく向上しました。建物がさらにいっそう安定し、長持ちするようになったのはコンクリートのおかげなのです。また別の見方でも

Speaking Section

much more stable and long-lasting. There's another perspective. Prior to the Romans, buildings were very simple in terms of structure and design. However, by using concrete, architects could design the structures with much greater freedom. They could add decorations, add imagery, and build with more non-straight curvy designs.

Thanks to these and other breakthroughs, larger and more elaborate structures emerged, and we can see many of their remains even today.

きます。ローマ人以前、建物は構造とデザインの観点ではとても単純でした。しかし、コンクリートを使うことにより、建築家はより自由自在に建物をデザインすることができるようになりました。装飾や彫像を施したり、より多くの曲線的デザインを使用した建物を建設したりすることが可能になったのです。

以上のような革新により、さらに巨大で複雑な建造物が登場しました。これらの構造物の遺跡の多くは現在でも見ることができます。

□ explore …を探究する □ architectural 建築上の □ revolution 革命
□ meet the needs ニーズを満たす □ confine …を限る □ urban 都市部の
□ accommodate …を受け入れる □ resident 居住者 □ facility （通常複数形で）施設、設備
□ aqueduct 水路、水道 □ serve to do …するのに役立つ □ breakthrough 大躍進、大発見
□ worth doing …するのに値して □ mention …に言及する □ arch アーチ、アーチ形の門
□ column 柱、円柱 □ beam 梁、けた □ curve 曲線 □ be resistant to …に抵抗力のある
□ downward 下向きの □ unstable 不安定な □ prior to …より前に □ stack …を積み重ねる
□ semi-circular 半円形の □ durability 耐久性 □ strengthen …を強くする □ thanks to …のおかげで
□ long-lasting 長持ちする □ perspective 考え方、見方 □ in terms of …の見地からみると
□ imagery 彫像 □ curvy 曲がった □ elaborate 精巧な、手の込んだ □ emerge 現われる
□ remains 遺跡

📄 Using points and examples from the lecture, explain the technical advancements achieved by the Romans.

講義で挙げられた論点や例を使って、ローマ人によって達成された技術の進歩を説明してください。

□ advancement 進歩 □ achieve …を成し遂げる

179

Set 3 スピーキング問題4 Integrated Task 解説

メモ例①

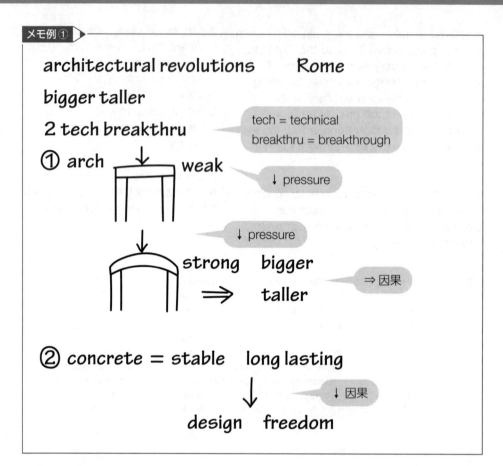

模範解答① SS3_04smpl1

The professor explains two technical advancements in architecture the Romans accomplished. The first is the arch, a semi-circular shape, which is very durable against pressure. Therefore, more stones were able to be added. Buildings, which previously had been straight and not resistant to downward pressure, were able to be built taller and bigger with more stones. The second was concrete, which is more durable and stable compared to wood and stones used for most buildings before the Romans. In addition, concrete provided architects with more freedom to design, including more creative decorations and imagery. (94 words)

Speaking Section

教授は、ローマ人が成し遂げた、建築の2つの技術的進歩について説明しています。1つ目は、半円形のアーチで、圧力に対して非常に耐久性があります。そのため、より多くの石を使えるようになりました。それまでは真っ直ぐで、下向きの圧力に耐えられなかった建物を、さらに多くの石で高く、大きくすることができました。2つ目はコンクリートで、これはローマ人以前のほとんどの建物に使用されていた木や石に比べて耐久性と安定性があります。さらに、コンクリートは建築家が、創造的な装飾や彫像を含め、より自由に設計できるようにしました。

□ technical advancement 技術の進歩
□ architecture 建築　□ architect 建築家　➡ この2つを混同しないように注意しよう
□ accomplish …を達成する　□ durable 耐久性のある　□ be resistant to …に耐える
□ downward 下方向の　□ imagery 彫像

模範解答 ❶ 解説レクチャー

ローマが成し遂げた建築の2つの技術の進歩について説明していきます。

1つ目はアーチで、それによりどんなことが可能になったのかを述べます。
2つ目はコンクリートで、こちらも利点とそれによりどんなことが可能になったかを論理的に話すことが大事です。

内容を論理的に記憶し、論理的に説明していくというのが大切です。

| Set 3 | スピーキング問題4 | Integrated Task | 解説 |

メモ例②

arch revolution
Roman Rep. & Emp
population ↗
Building Bigger & taller
public facilities

2 tech breakthroughs
① arch
before columns & beams
straight
✕ pressure
Arches
stack stones,
curved shape
semi-circular
durability
② concrete
before stones & wood
conc. strengthened,
another
before simple
conc.
design freedom
add decorations.
curvy designs.

模範解答 ❷ SS3_04smpl2

In the lecture, the professor is discussing architectural revolutions in the Roman Republic and Empire times. According to the professor, there are two salient technological advancements during the period. One is the introduction of arches. Before the period, buildings were supported by straight beams and columns which made them vulnerable to downward pressure. Thanks to the introduction of arches, however, buildings became more sturdy and because of their resistance to pressure, they became taller. Another example of breakthroughs in this period is concrete. The use of concrete also strengthened buildings, the result being more stable and long-lasting structures. Concrete also provided designers with greater architectural freedom and allowed ornaments to be added to buildings. (114 words)

講義では、教授が共和政ローマと帝政時代の建築革命について論じています。教授によると、この時代に2つの著しい技術的進歩があります。1つはアーチの導入です。この時代以前は、建物はまっすぐな梁と柱で支えられていたため、下向きの圧力に対して脆弱でした。しかし、アーチの導入により、建物はより頑丈になり、圧力に対する抵抗力のために、より高くなりました。この時期の革新のもう1つの例は、コンクリートです。コンクリートの使用もまた建物を強化し、その結果、より安定して長持ちする構造になりました。また、コンクリートによって、設計者はさらに自由に建てられるようになり、建物に装飾を付けられるようになりました。

- ☐ salient 顕著な、目立った ☐ introduction 導入 ☐ vulnerable to …に対して脆弱な ☐ sturdy 頑丈な
- ☐ ornament 装飾

Set 3　スピーキング問題4　Integrated Task　解説

模範解答 ❷　解説レクチャー

One is the ... の後で、ローマ時代の技術的革新の事例の 1 つである、アーチの紹介をしていますが、まずは、Before the period ... で技術が発明される前の状況を描写し、その後、技術革新により状況がどのように変化したのかを説明しています。このように、変化の前の説明を入れることで、技術革新がもたらした恩恵を強調することができます。次に述べられている具体例のコンクリートも、アーチ同様、建物の頑丈性の向上に貢献しました。これらの事例の関係性を捉えるため、The use of concrete also strengthened の文にある通り、also を用い 2 つの技術革新の補完性を際立たせています。

Chapter 2

Writing Section

Unit 1 ライティングセクションの解答戦略
- TOEFL iBT Writing Sectionの概要
- Integratedの解き方
- Independentの解き方

Unit 2 本試験形式問題演習 Set 1

Unit 3 本試験形式問題演習 Set 2

Unit 4 本試験形式問題演習 Set 3

アイコン一覧

トラック番号　　問題英文　　模範解答　　語句

Unit 1　ライティングセクションの解答戦略

● TOEFL iBT Writing Section の概要

・全体の問題数：2 問
　問題 1：Integrated
　　　　（リーディング ＋ リスニング［講義］＋ ライティング）
　　　・問題 1 では「メモ」が重要です。本書では「メモ例」を掲載しています。
　問題 2：Independent

●問題の特徴と高得点を取るポイント

よくある質問にお答えする形で、スコア UP への大事なポイントを説明していきます。

＊受験や報告に基づく内容です（ETS 正式発表のものではありませんが、受験や実験を繰り返して得られたデータや知見なので、現実的かつ実践的な情報です）。

［Integrated の解き方］
単語数はどのくらい書くのが理想的？

ETS によると 225 単語が 1 つの指標になっていますが、実際に Writing セクションで 25点以上の高得点を安定して出している人は、260 ～ 300 単語はコンスタントに書いています。高得点のためにこの単語数が絶対的に求められるということではなく、このくらいの単語数を常に出すことができて、さらに、エッセーに含めるべき情報をちゃんと入れられる、ということが基本的に大事です。したがって、280 単語前後あれば適切なレベルです。

Reading と Listening、どちらを先にまとめる？

Reading passage を先に書いても、Lecture を先に書いても、いずれでも構いません。書きやすい方で進めましょう。ただし、ボディーが 3 つあれば、それぞれのパラグラフで統一させましょう。このパラグラフだけ Lecture を先に書いてある、というのは NG です。

Reading と Listening まとめる量の最適な比率は？

分量にして、最適な比は R 30：L 70 です。そもそも Summarize the lecture と問題で明示さていますから、Listening で聞いた内容である Lecture を主として書いていくべき問題です。この割合が難しい場合は、R 40：L 60 でも問題ありませんが、半々というのはさすがにバランスが良くありません。L の方が少ない、となると減点をされていますのでバランスを逆転させましょう。

どの位のメモ取りが必要？

1 つのボディーにつき 5 ～ 10 単語が、聞く＆書くのバランスを考えるとお勧めする目安で

す。メモを取りすぎてリスニングに集中できなくなるのであれば、メモを大量に取るのは得策ではありません。そのメモを見れば話の内容を思い出して書ける、という位のメモが理想です。使わないレベルでのメモは行き過ぎです。もちろん個人差や好みもあるでしょう。またルールで何単語という制約はありません。あえて指標を言えば、1つのボディーで5～10単語が現実的です。

講義内容が、Reading を否定していない場合にはどう書けばいい？

多くの問題では、講義内容は Reading で書かれている3つの主張ポイントを「いやそうではない×3」とすべて否定していきますが、否定ではなく「否定はしないがさらなる証拠を示すべき」と静観している場合や、「確かにそのとおりだ」と賛成していることもあります。こういう場合でも、特別なことをする必要はなく、「講師は○○という主張をし、Reading passage を否定していないものの、さらなる調査の必要性を提言しています」とか、「講師は○○という主張をし、基本的には Reading passage の主張に賛同しています」と、ありのままを書いていくことになります。変化球に一瞬びっくりするかもしれませんが、落ち着いて、そのまま聞いたことをまとめましょう。もし雛形を準備している場合でも、微調整は必要なものの、概ね流れは使えるはずです。

雛形はあり？

TOEFL の Integrated Writing では雛形（テンプレート）が使いやすいのは事実です。では雛形はありか？ となると、なしではありませんが、乱用・誤用・妄用は避けましょう、というのが回答です。聞いた講義の内容をまとめる、その中で対比をするために適量 Reading の内容も入れる、というのがこのエッセーの趣旨ですから、バランス的には講義内容がメインであり、その補足として雛形が使われるのが適切です。「雛形がっしり、内容は薄い」となると点数は出ません。

どうしても聞き取れなかったらどうする？

もし講義内容の聞き取りがうまくできなかった場合には、話を創作するのが取れる手では最善です。聞き取れなかったといっても、全くのゼロ、1つの単語も聞けていない、ということはないはずです。聞こえた単語をメモに残し、数単語でもいいので、それをもとに話を作りましょう。聞こえなかったから書かない、というのが最大の失点になります。内容が多少違っていても、書いてある方が点数は上がります。

Conclusion は必要？

短くてもいいので Conclusion は書いておいた方がいいでしょう。1、2文で構いません。

Unit 1 ライティングセクションの解答戦略

[Independent の解き方]
単語数はどのくらい書くのが理想的？

Independent も Integrated 同様、以前のレベルような単語数の多さのみを重視する必要は
なくなってきています。ETS によると 300 単語が 1 つの指標になっていますが、実際に
Writing セクションで 25 点以上の高得点を安定して出している人は、340 ～ 420 単語はコ
ンスタントに書いています。単語数＝スコア、というわけではなくこのくらいの単語数を
常に出し、アイデア出しにも、見直しにもゆとりをもって臨んでいる、ということが基本的
に大事です。したがって、380 単語前後あれば適切なレベルです。

書き始める前の準備時間は何分？

1 ～ 2 分が目安です。しっかり問題を読み、理由を 3 つ考えます。ゆとりを持って 380 単語
で書ける力がある場合は、もう少し長く時間を取れますが、多くの時間をプランニングに使
うことは得策ではありません。さらに、見直しの時間も 1 ～ 2 分は確保したいものです。

ボディーの数は 2 個？　3 個？

全体の構成としては、Introduction → Body paragraphs → Conclusion となりますが、本
文にあたる Body paragraphs（ボディー）では、できれば 3 ボディーを目指しましょう。2
ボディーで高得点が出ないということではないのですが、実験や報告に基づく所感として
は、3 ボディーの方が点数が出やすい印象です。理由もあります。2 ボディーだと、1 つのボ
ディーに使う単語数が必然的に増えます。そうなると、必要以上の詳細が入る、話がリピー
トする、話が反れた方向に進みはじめる、という減点へのリスクが発生しやすくなります。
Example も不必要なまでの描写が入ってしまいがちです。2 ボディーでは絶対ダメという
わけではありませんが、上級者が気をつけて書いても、こうした減点の落とし穴に落ちてし
まうリスクは意外と大きいです。また、30 分しかない時間のプレッシャーの中でそういっ
た落とし穴に落ちていないかを判断するのは難しいので、相当な自信や確証がない限り、3
ボディーがお勧めです。

各パラグラフの単語数の目安は？

380 単語のエッセーを 3 ボディーで書くとして、Introduction 50 単語、First Body 100 単
語、Second Body 100 単語、Third Body 100 単語、Conclusion 30 単語、このくらいが
適切なバランスです。トピックや出せるアイデアにより調整してください。

賛成・反対の理由が思いつかないのですが…

何を書けばいいかわからない、という状況では単語数を出すこともできません。アイデアが

出ない、という理由の１つに、緊張があります。能力的にアイデアを出せないのではなく、心理的にアイデアが出しにくくなっているのです（これは Speaking セクションでも同じ）。友達に「大学生は就職前にインターンをすべきと思う？」と、日常生活の中で口頭で聞かれたら、「あー、経験積めるからいいんじゃね？」とか「いやーどうなんだろうね、勉強に集中できなくなるからだめっしょ？」とさっとその場で出るはずです。「ごめん、考えるから２分待って…」と友達との会話ではならないはずです。アイデアを出す能力はあるのです。友達に話しかけられている、という体で、アイデアを出す練習をしておくと、本番でも出せるはずのアイデアが出しやすくなります（それでも緊張はしますが、だからこそ緊張しにくくするための練習を！）。

Example はどういう事例を使えばいい？

パーソナルな事例でも、他者のことでも、一般的に見られる事柄でも、いずれでも構いません。重要なのは、問題文をよく読んだ上で、自分が主張している賛成理由・反対理由を適切に例示できているか、です。

「大学生は就職前にインターンをすべきか？」という問に対して、「実務経験が積めるから賛成」とするのであれば、「私が大学生の時に、インターンをして…」という展開や、「私はインターンをしなかったので入社直後に経験値が足りず…」という個別の話でも構いません。上司として「多くの新入社員を見るが、インターン経験がある者は…」と自分以外の人にスポットをあてても構いません。

上手く書けたと思ったのに点数が伸びませんでした…

Writing も Speaking も、受験者の印象と実際のスコアが一致しない、というのはよくあることです。上手く書けたと思ったのに点数が伸びていないときの要因には以下のようなことが多く見られます。

・聞かれている問題からずれた解答（off topic）になっている
・聞かれた問題の一部には解答できているが全部には解答できていない
・書き手は自分の経験談だから話が想像できるが読み手にはできていない
・話の次元があっていない（例：犯罪撲滅の話で、一学校の取り組み事例では説得力がない）
・話を制限しすぎ（例：法律家の事例だけで職業全般の話はできない）

これらに共通するのは、書き手はこれでいいと思っているけれど、読み手は首をかしげている、という乖離です。書くときも書いた後も、常に「読み手目線」で考えて書いてあれば、スコアは上昇していきます。

Writing Section

Unit 2 本試験形式問題演習 Set 1

ライティング問題 1 … 192~209
(Integrated Task: Reading + Listening)
ライティング問題 2 … 210~220
(Independent)

＊問題毎に、模範解答と解説が掲載されています。

Unit 2　本試験形式問題演習 Set 1

ライティング問題1　Integrated Task

Writing Based on Reading and Listening

● **問題演習の流れ（下記の解答方法を必ずお読みください）**

- □ 音声ファイル（WS1_01.mp3）スタート ➡ 問題英文リーディング 3 分 ➡ 問題英文リスニング ➡ 準備と解答で 20 分（タイピング）➡ 解答を保存して終了　という流れで解答します。
- □ 3 分間のリーディングの前に、Begin reading after the beep. という音声が流れます。
- □ 3 分間のリーディング時間は、「ピー」という音で終わり、リスニング音声が続けて流れます。
- □ 20 分の準備・解答の前に、Begin to plan and write your response after the beep. と音声が流れます。
- □ 解答はパソコンなどでタイピングしてください。解答データは保存することをおすすめします。
- □ 20 分のライティング解答時間は、「ピー」という音で終わります。

● **WEB 解答方法**

- □ 本試験と同様の方法で取り組みたい場合は、Web で解答できます。
- □ インターネットのつながるパソコン・スマートフォン等で、以下のサイトにアクセスして Web 上で解答してください。

eytester.com

- □ 操作方法は、P.11–12 の「USA Club Web 学習の使い方」をご参照ください。

Writing Section

● 学習の記録

学習開始日	年 月 日	学習終了日	年 月 日

学習メモ ▶

学習開始日	年 月 日	学習終了日	年 月 日

学習メモ ▶

学習開始日	年 月 日	学習終了日	年 月 日

学習メモ ▶

Set 1 — ライティング問題1 | Integrated Task | 英文

Reading Time: 3 minutes

Just as animals, including humans, have the instinct of self-protection, some plants exhibit seemingly bizarre, yet practical self-protection behaviors. Little is known about the physiological mechanisms, but we are certain that some plants fold their leaves in order to protect themselves. Let us look at the case of a plant named *Mimosa Pudica*, which is frequently referred to as a sensitive plant.

One obvious advantage of leaf-folding is defense against predators. In the natural environment, there are varieties of predators, and by folding its leaves, *Mimosa Pudica* is preventing itself from being eaten by insects and animals. As the leaves fold, the surface area of the plant is minimized, which makes it harder for the predators to feed on it. For a plant, which unlike insects and animals cannot move around, this reaction is its sole, powerful defense strategy.

The leaf-folding reaction also helps the plants from dehydration. While the leaves are at their natural position, water within the plants escapes out and evaporates through holes called stomata, which are often found on the reverse side of the leaves. By folding leaves, *Mimosa Pudica* can reduce the exposure of the stomata to the air and thus limit the rate of evaporation, allowing it to avoid catastrophic dehydration.

Lastly, *Mimosa Pudica* folds its leaves in order to maintain its biological rhythm and metabolism. It has been shown that sunlight, or even moonlight, shining continuously on a plant like *Mimosa Pudica* disturbs the bio-metabolism of the plant. In the worst case, it causes the plant to wither. By folding the leaves, *Mimosa Pudica* is limiting the amount of light it receives in a given time, thereby properly regulating its biological rhythms.

Writing Section

ライティング問題1 | Integrated Task | 音声／問題

Summarize the points made in the lecture you just heard, and explain how they cast doubt on points made in the reading passage.

Response Time: 20 minutes

MEMO ▶

⇨ 次の見開きもメモ欄です。

Set 1 ライティング問題1 | Integrated Task | MEMO

MEMO

Writing Section

⇨ 解答はパソコン等でタイピングしてください。

Reading Passage

Folding of plants' leaves

Just as animals, including humans, have the instinct of self-protection, some plants exhibit seemingly bizarre, yet practical self-protection behaviors. Little is known about the physiological mechanisms, but we are certain that some plants fold their leaves in order to protect themselves. Let us look at the case of a plant named *Mimosa Pudica*, which is frequently referred to as a sensitive plant.

One obvious advantage of leaf-folding is defense against predators. In the natural environment, there are varieties of predators, and by folding its leaves, *Mimosa Pudica* is preventing itself from being eaten by insects and animals. As the leaves fold, the surface area of the plant is minimized, which makes it harder for the predators to feed on it. For a plant, which unlike insects and animals cannot move around, this reaction is its sole, powerful defense strategy.

The leaf-folding reaction also helps the plants from dehydration. While the leaves are at their natural position, water within the plants escapes out and evaporates through holes called stomata, which are often found on the reverse side of the leaves. By folding leaves, *Mimosa Pudica* can reduce the exposure of the stomata to the air and thus limit the rate of evaporation, allowing it to avoid catastrophic dehydration.

Lastly, *Mimosa Pudica* folds its leaves in order to maintain its biological rhythm and metabolism. It has been shown that sunlight, or even moonlight, shining continuously on a plant like *Mimosa Pudica* disturbs the bio-metabolism of the plant. In the worst case, it causes the plant to wither. By folding the leaves, *Mimosa Pudica* is limiting the amount of light it receives in a given time, thereby properly regulating its biological rhythms.

Writing Section

植物に見られる葉の折りたたみ

ヒトを含む動物が、自己防衛本能を有しているのと同様に、植物の中には、一見奇妙ではあるが、実用的な自己防衛作用があるものがある。生理学的仕組みはほとんどわかっていないものの、いくつかの植物が、身を守るために葉を折りたたむのは確かである。オジギソウとしばしば呼ばれる *Mimosa Pudica* という植物の例を見てみよう。

葉を折りたたむことの明らかな利点の１つは、捕食者に対する防衛である。自然界にはさまざまな捕食者が存在しており、*Mimosa Pudica* は葉を折りたたむことにより、昆虫や哺乳動物の餌になることを防ぐ。葉が折りたたまれると、植物の表面積が最小限に抑えられ、捕食されにくくなるのだ。昆虫や哺乳動物のように動き回ることができない植物にとって、この行動は唯一の効果的な防衛戦略である。

葉を折りたたむという反応は、植物の脱水も防ぐ。葉が本来の位置にある間は、植物内の水分が外に染み出し、葉の裏側によく見られる、気孔と呼ばれる穴から蒸発する。葉を折りたたむことで、*Mimosa Pudica* は気孔と空気の接触を減らし、蒸発率を抑制することができるのだ。このようにして *Mimosa Pudica* は、致命的な脱水を回避する。

最後に、*Mimosa Pudica* は、生体リズムや新陳代謝を維持する目的で葉を折りたたむ。日光が、あるいはたとえ月光であっても、継続的に当てられると、*Mimosa Pudica* などの植物の新陳代謝が乱されることが示されている。最悪の場合、光は植物を枯らしてしまう。*Mimosa Pudica* は、葉を折りたたむことにより、一定時間に受ける光の量を制限し、生体リズムを適切に制御するのだ。

- ☐ instinct 本能 ☐ exhibit（性質）を示す ☐ seemingly 見たところでは（apparently）
- ☐ bizarre 一風変わった（very strange） ☐ practical 実用的な ☐ physiological 生理学上の
- ☐ Mimosa Pudica オジギソウの学名 ☐ refer to A as B A を B と呼ぶ ☐ sensitive plant オジキソウ

- ☐ advantage 有利な点 ☐ predator 捕食者 ☐ feed on …を餌にする

- ☐ dehydration 脱水、乾燥 ☐ escape 漏れ出る ☐ evaporate 蒸発する
- ☐ stomata 気孔（stoma の複数形） ☐ evaporation 蒸発作用 ☐ catastrophic 悲劇的な、破滅的な

- ☐ metabolism 代謝 ☐ bio-（接頭辞）生命の ☐ wither 枯れる、しおれる
- ☐ regulate …を調整する・調節する

Set 1 — ライティング問題1 | Integrated Task | Listening Script

 WS1_01script

It's interesting that some plants can move their leaves when they feel stimuli, isn't it? However, we are not really sure if the leaf-folding reaction is of any practical help for their protection.

First of all, almost all of the plants that exhibit a leaf-folding reaction have very thin leaves. Some of them are even like needles. These leaves are too thin or hard for insects and animals to feed on. Therefore, it makes no logical sense that those plants, including *Mimosa Pudica*, exhibit this leaf-folding reaction to protect themselves from their enemies. What is more, most of the plants of this type have sharp thorns. The plants can protect themselves using these sharp thorns against many predators. In fact, there's been no reliable evidence to show that any particular animal is threatening *Mimosa Pudica*. Rather, we can pretty much say that *Mimosa Pudica* and the plants of this type have no natural enemies.

Next, there was an explanation about dehydration. Well, this approach is not fully convincing, either. The reason is that the plants are folding their leaves even when it's raining. When there's lots of water around, they do not have to worry about losing water. There are some studies suggesting that plants get healthier as you apply water to their leaves when the plants are dehydrated. You know, leaves are known to absorb water in case of extreme dehydration. Considering all that, I don't know why *Mimosa Pudica* should shut its leaves during rain if the purpose of that is to prevent dehydration. I mean, protection

刺激を感じた時に葉を動かすことができる植物があるのは面白いですよね。しかしながら、葉を折りたたむという反応が実際に自己防衛に役立つものなのかは、はっきりとはわかっていません。

まず最初に、葉を折りたたむ反応が見られる植物のほとんどは、葉がとても細いです。中には針のようなものまであります。このような葉は、昆虫や哺乳動物が餌にするには細すぎたり、固すぎたりするのです。したがって、*Mimosa Pudica* などの植物が外敵から身を守るために、葉を折りたたむ反応を見せるというのは論理的に意味を成しません。さらに、この種類の植物のほとんどが鋭いトゲを持っており、これらのトゲを使うことにより多くの捕食者から身を守ることができるのです。実際、*Mimosa Pudica* を脅かす特定の動物が存在するという確かな証拠は見つかっていません。それどころか、*Mimosa Pudica* のような植物には、天敵がほとんどいないと大方言うことができるでしょう。

次に、脱水についての説明がありました。えー、この考え方もあまり説得力がないですね。というのも、植物は雨が降っているときでさえ葉を折りたたみます。周囲に多くの水分があるときは脱水の心配をする必要がありませんよね。植物が脱水状態のときに葉に水をあげると、植物はもっと生き生きしてくることを指摘した研究がいくつかあります。実は、葉は極度の脱水症状のときに水分を吸収することが知られています。それらをすべて踏まえると、もし目的が脱水を防ぐことであれば、なぜ *Mimosa Pudica* が雨の時に葉を閉じなければならないのか私にはわかりません。ただ、それでも脱水に対する防衛というのは１つの考えられる説明です。私は、今挙げた点を説

Writing Section

against water loss is still a possible explanation. It's just that more studies are needed to clarify the things I just brought up.

Lastly, the article was discussing the disturbance of biological metabolism due to light. Well, *Mimosa Pudica* inhabits shady areas where tall trees and their branches are blocking most of the sunlight or moonlight coming from above. In other words, only a tiny amount of light can pass through those tall trees and reach small plants like *Mimosa Pudica* growing in the ground. The chance of this small amount of light disturbing plants' metabolism is negligible, I would say.

明するためにはさらなる研究が必要だと言っているだけなんです。

最後に、文章は生物の新陳代謝が光によって妨げられることについて論じていました。えー、*Mimosa Pudica* は、高い木やその枝が空から降り注ぐ日光や月光を遮る日陰に生息しています。つまり、これらの高い木を通り抜け、地面で育つ *Mimosa Pudica* などの小さい植物に到達することができるのは、ほんのわずかな光だけなのです。このわずかな光が植物の新陳代謝を妨げる可能性は無視していいと言っていいでしょう。

- ☐ stimuli（stimulus の複数形）刺激
- ☐ thorn（植物の）とげ ☐ predator 捕食者、捕食動物
- ☐ convincing 説得力のある ☐ absorb …を吸収する ☐ considering …を考慮すると ☐ clarify …をはっきりと説明する ☐ bring up（話題など）を持ち出す
- ☐ disturbance 妨害 ☐ metabolism 代謝作用 ☐ inhabit …に生息する ☐ shady 日陰の ☐ negligible 無視してよい、取るに足らない

📄 Summarize the points made in the lecture you just heard, and explain how they cast doubt on points made in the reading passage.

今聴いた講義で述べられた論点をまとめ、それらがリーディング・パッセージ内の論点にどのように疑問を投げかけているか説明してください。

201

Set 1 ライティング問題1 Integrated Task 解説

メモ例①

self-protection
Mimosa Pudica
　fold leaves

左右に分け、RのポイントとLのポイントを、対応する場所に書きます。

① protect ⟷ enemies
　surface minimize
　　↓

already thin

thorns

② ✕ dehydration
　exposure of stomata　↓

rain　why fold?
‖　↗
absorb water

③ limit light
　regulate bio rhythms

inhabit shady areas

　　trees block sun/moon light

　　disturbing metabolism
　　　　　　negligible

Writing Section

📍 模範解答 ❶

The reading passage discusses three possible reasons why a plant named *Mimosa Pudica* folds its leaves, yet the professor goes against all of the ideas.

First, the hypothesis the reading asserts is that *Mimosa Pudica* protects itself from its predators by folding its leaves. That minimizes the surface area, making it harder for its enemies to feed on it. The professor dismisses this as far-fetched, citing the fact that its leaves are too thin for them to eat in the first place. Also, *Mimosa Pudica* utilizes sharp thorns in order to protect itself; therefore, virtually no enemies exist.

The second reason that the reading passage asserts is that *Mimosa Pudica* keeps its moisture by folding its leaves, thereby limiting the rate of evaporation. However, the professor thinks of this as implausible. In the case of extreme dehydration, plants can intake water from their leaves, whereas if they fold their leaves, it follows that they miss the chance. Thus, it is not reasonable because even though the action prevents *Mimosa Pudica* from losing water, it sacrifices the opportunity to gain it.

The third theory raised by the reading is that folding its leaves enables *Mimosa Pudica* to restrict the sunlight at a certain time, which helps control its biological rhythms. Antithetically, the professor once again looks upon this as unfounded by asserting the fact that the plant resides in shaded places in which sunlight as well as moonlight is blocked by tall trees and their branches. Hence, it is safe to disregard the effect of the light on *Mimosa Pudica*. (259 words)

Set 1 ライティング問題1 Integrated Task 解説

文章では、*Mimosa Pudica* という名前の植物が葉を折りたたむ3つの考え得る理由について説明していますが、教授はそのすべてに反対しています。

まず、文章が主張している仮説は、*Mimosa Pudica* は葉を折りたたむことによって捕食者から身を守るというものです。これにより表面積が最小限に抑えられ、敵が食べにくくなります。教授は、そもそも葉が細すぎて食べられないという事実を理由に、これをあり得ないとして却下しています。また、*Mimosa Pudica* は自分自身を守るために鋭いとげを使っています。したがって、事実上敵は存在しません。

文章が主張している2番目の理由は、*Mimosa Pudica* は葉を折りたたむことによって水分を保ち、それによって蒸発速度を抑えているというものです。しかし、教授はこれは信じがたいと考えています。極端な脱水状態の場合、植物は葉から水分を摂取することができますが、葉を折りたたむと、そのチャンスを逃してしまいます。したがって、この行動は *Mimosa Pudica* が水を失うのは防ぎますが、水を得る機会を犠牲にするので、合理的ではありません。

文章によって提起された第3の仮説は、葉を折りたたむことで *Mimosa Pudica* は一定の時間に受ける日光を制限できて、生体リズムが制御されるというものです。教授は逆に、日光と月光が背の高い木とその枝によって遮られている日陰の場所に植物があるという事実を主張することによって、これは根拠がないと言っています。したがって、*Mimosa Pudica* への光の影響は無視しても問題ないわけです。

- ☐ yet しかし (= but) ☐ go against …に反対する

- ☐ hypothesis 仮説
- ☐ assert …を主張する ➡ 「言う」系の単語はたくさんストックしておき、さまざまな単語をライティング中に使えるようにしておきましょう。
- ☐ dismiss A as B AをBとして否定する ☐ far-fetched 信じがたい ☐ in the first place そもそも
- ☐ thorn とげ ☐ virtually ほとんど (= almost)

- ☐ moisture 水分 ☐ thereby *doing* それにより…する ☐ rate 速度・割合 ☐ evaporation 蒸発
- ☐ think of A as B AをBとみなす ➡ 「A = Bとみなす」系の表現もたくさんストックしておこう。
- ☐ implausible 信じがたい ☐ dehydration 脱水 ☐ intake …を取り入れる
- ☐ it follows that …ということになる ☐ reasonable 理にかなった ☐ sacrifice …を犠牲にする

- ☐ restrict …を制限する ☐ antithetically 対照的に ☐ look upon A as B AをBとみなす
- ☐ unfounded 事実無根の ☐ disregard …を無視する

Writing Section

模範解答 ❶ 解説レクチャー

Mimosa Pudica が葉を折りたたむ理由に関する3つの説をリーディングでは述べています
が、教授は全て否定しています。

リーディングの1つ目の仮説は敵から身を守るためだとし、その理由も述べています。それ
に対し、教授はたたまなくても元から細くて食べられないし、とげがあるため、たたまなく
ても敵がいないと2つの理由で否定しています。

リーディングの2つ目の主張は水分を保つことだとしています。それに対し教授は、葉を開
いていた方が、水分吸収が可能なため、閉じてしまうことは理にかなっていないと述べてい
ます。

3つ目にリーディングは、受ける太陽光の量を制限し生体リズムを制御するためとしていま
す。教授はそもそも木により光が遮断されている場所に生息しているので無関係だと否定し
ています。

教授の否定する理由が複数ある場合は聞き逃しが起こりやすいので注意が必要です。

Set 1 ライティング問題1 Integrated Task 解説

メモ例②

Ⓡ	Ⓛ
	1
	thin leaves
	needles
	too thin to eat
	no logical sense
	sharp thorns can protect
	no evidence
	no natural enemy
	2
	dehydration
	fold even when raining
	no worries
	studies → water & healthier
	why shut to prevent dehyd.
	more studies needed.
	3
	bio metabolism.
	inhabit shady area
	trees blocking sunlight, moon
	little light reaches M.P.
	chance disturbance ↓

Writing Section

模範解答 ❷

Both the reading passage and the lecture concern the leaf-folding behavior exhibited by some plants including one called *Mimosa Pudica*. The author of the reading passage claims that the leaf-folding reaction is part of the plant's self-defense mechanism. The lecturer challenges this viewpoint by arguing that it is not clear if folding leaves helps plants protect themselves.

Firstly, the author of the reading passage argues that the leaf-folding behavior serves the purpose of defending against predators. According to the author, by folding leaves, plants can minimize their surface area, making it difficult for predators to feed on them. This argument, however, is refuted by the lecturer. He maintains that plants that are known to fold their leaves have very thin or even needle-like leaves, which are difficult for animals to feed on in the first place. Moreover, he adds that these plants possess sharp thorns that can better be utilized for protecting against predators.

Secondly, the author of the reading passage claims that folding leaves helps plants prevent dehydration. The rationale behind this argument is that plants including *Mimosa Pudica* have holes on their leaves through which water evaporates when the leaves are in the standard position. Hence, by folding leaves and reducing the exposure of the holes to the air, plants can slow the rate of evaporation. The lecturer rejects this argument by pointing to the fact that the leaf-folding behavior is observed even in rain when there is no need to worry about dehydration. He elaborates that leaves are actually known to absorb water, so plants including *Mimosa Pudica* folding their leaves in rain does not make sense.

Finally, the author of the reading passage, based on the observation that sunlight is known to disturb the bio-metabolism of plants, concludes that plants like *Mimosa Pudica* fold their leaves in order to reduce their exposure to sunlight. However, the lecturer rebuts this explanation,

Set 1 ライティング問題1 Integrated Task 解説

pointing out that *Mimosa Pudica* grows in the shade where the chance of sunlight reaching the area and affecting the plant's bio-metabolism is slim. (338 words)

文章と講義は両方とも *Mimosa Pudica* という植物などに見られる葉を折りたたむ習性について論じています。文章の筆者は、葉を折りたたむ反応は植物の自己防衛機能の一部であると主張しています。講師は、葉を折ることが植物の身を守るのに役立つかどうかは明らかではないと主張して、この見方に異議を唱えています。

まず、文章の筆者は、葉を折りたたむ行動が捕食者から身を守るという目的を果たしていると主張しています。筆者によると、葉を折りたたむことにより、植物はその表面積を最小限に抑えることができ、捕食者に食べられにくくなります。しかし、この議論は講師によって否定されています。彼は、葉を折りたたむことが知られている植物の葉は、非常に細かったり、針のようだったりして、そもそも動物にとって食べにくいと主張しています。さらに、彼は、これらの植物は、捕食者から身を守るのにもっと役に立つ鋭いトゲを持っていると付け加えています。

第2に、文章の筆者は、葉を折りたたむと植物は脱水を防ぎやすくなると主張しています。この議論の背後にある理論的根拠は、*Mimosa Pudica* などの植物は葉に穴があり、葉が本来の位置にあるときに水が蒸発するということです。したがって、葉を折りたたんで穴の空気との接触を減らすことにより、植物は蒸発の速度を遅くすることができます。講師は、脱水の心配がない雨天時でも葉を折りたたむ行動が見られることを指摘し、この主張を否定しています。彼は、実際は葉が水を吸収することが知られていることを詳しく述べています。*Mimosa Pudica* などの植物が、雨の中で葉を折りたたむのは意味がありません。

最後に、文章の筆者は、日光が植物の新陳代謝を妨げることが知られているという観察に基づいて、*Mimosa Pudica* のような植物は日光に晒される時間を減らすために葉を折りたたむと結論づけています。しかし、講師はこの説明に反論し、*Mimosa Pudica* は日光が降り注いで植物の新陳代謝に影響を与える可能性が低い日陰で成長することを指摘しています。

☐ concern …に関係する ☐ exhibit …を見せる・示す ☐ challenge …に異議を唱える
☐ viewpoint 見解、観点 ☐ argue that 節 …だと主張する

Writing Section

□ serve the purpose of …という目的を果たす　□ minimize …を最小限に抑える　□ argument 議論
□ refute …を否定する　□ possess …をそなえている　□ utilize …を利用する

□ rationale 論理的根拠　□ evaporate 蒸発する　□ exposure さらされること
□ point to the fact that 節 …という事実を指摘する　□ observe …を観察する
□ elaborate that 節 …だと詳しく述べる　□ be known to *do* …することが知られている
□ absorb …を吸収する

□ based on the observation that 節 …であるという観察に基づいて　□ rebut …の反証を挙げる
□ point out that 節 …だと指摘する

模範解答❷　解説レクチャー

Both the reading passage and ... の文にある concern は、「…に関係する」という意味を
持っており、リーディングと講義の主題を説明する目的で使用されています。代替表現に
talk about、discuss などがあります。challenge を、The lecturer challenges this viewpoint ...
のように動詞で使用すると、「疑う」という意味になります。ここでは、講師がリーディング
内の意見を否定していることを紹介するために使われています。

This argument, however, is ... で使用されている refute には、「反駁する」という意味があ
り、意見やアイデアが否定されている様を表現するのに効果的です。

次に、The rationale behind this argument is ... 内にある、rationale ですが、「論理的根
拠」という意味を持っており、reason の代替表現として使うことができます。reason がす
でに使用されている場合に便利な表現で、繰り返しの印象を避けることができます。話者の
説明を引用する際によく使われる表現に describe、explain、point out などがありますが、
He elaborates that ... の文では「詳述する」という意味を持つ elaborate が使用されてい
ます。話者の考えのより詳しい説明を紹介する際にピッタリな単語です。

209

Unit 2　本試験形式問題演習　Set 1

ライティング問題2 ｜ Independent Task

Writing Based on Knowledge and Experience

● **問題演習の流れ（下記の解答方法を必ずお読みください）**

- [ ] 音声ファイル（WS1_02.mp3）スタート ➡ 準備と解答（タイピング）で30分 ➡ 解答を保存して終了　という流れで解答します。
- [ ] 30分の準備・解答の前に、Begin to plan and write your response after the beep. と音声が流れます。
- [ ] 30分のライティング解答時間は、「ピー」という音で終わります。
- [ ] 解答はパソコンなどでタイピングしてください。解答データは保存することをおすすめします。

● **WEB 解答方法**

- [ ] 本試験と同様の方法で取り組みたい場合は、Webで解答できます。
- [ ] インターネットのつながるパソコン・スマートフォン等で、以下のサイトにアクセスして Web 上で解答してください。

eytester.com

- [ ] 操作方法は、P.11–12 の「USA Club Web 学習の使い方」をご参照ください。

Writing Section

● 学習の記録

学習開始日	年 月 日	学習終了日	年 月 日

学習メモ ▶

....

....

....

....

....

....

学習開始日	年 月 日	学習終了日	年 月 日

学習メモ ▶

....

....

....

....

....

....

学習開始日	年 月 日	学習終了日	年 月 日

学習メモ ▶

....

....

....

....

....

....

211

WS1_02

Do you agree or disagree with the following statement?:

Having a sufficient proportion of students from foreign countries is more important now for universities than in the past.

Use specific reasons and examples to support your answer.

Response Time: 30 minutes

MEMO ▶

Writing Section

MEMO

⇨ 解答はパソコン等でタイピングしてください。

ライティング問題2 | Independent Task | 解説

Do you agree or disagree with the following statement?:

Having a sufficient proportion of students from foreign countries is more important now for universities than in the past.

Use specific reasons and examples to support your answer.

次の主張に賛成ですか、反対ですか。

留学生が十分な割合を占めることは、以前よりも大学にとって重要になっています。

あなたの答えを裏づけるために明確な理由と例を挙げてください。

 □ sufficient 十分な □ proportion 割合、比率、部分

模範解答❶

I agree with the idea that universities currently need foreign students more than before. Thanks to foreign students, colleges can acquire significant research findings, sustain their profitability, and develop fresh ideas.

First of all, universities can invite prominent students from other countries to contribute to the achievement of the institutions. In Japan, for example, the number of the young has been decreasing, so has that of outstanding students. Thus, domestic students who attain excellent grades tend to be concentrated in a handful of universities such as the University of Tokyo and Kyoto University. Other universities have to resort to foreign nations to provide them with talented individuals. In fact, some universities offer lucrative scholarships to foreign students so as to attract them, which was rarely the case before.

Second, foreign students are necessary to sustain the finances of universities. The number of the young has been decreasing in a lot of developed nations, thus leading to the situation where many universities lack students. This entails the shortage of tuition fees, which poses financial trouble for universities. For instance, as mentioned above, Japan has recently been witnessing a plummet in the number of applicants, causing a lot of universities to have difficulty remaining solvent. The solution that many of them come up with is to invite foreign students. In fact, a lot of them now have a vast number of students who are from overseas such as China and Vietnam, thereby enabling them to shore up their finances.

Finally, acceptance of foreign students contributes to the overall campus community in terms of diversity. They can share their knowledge as well as experiences gained in their own nations with local students. For instance, Japan was an isolated nation for centuries and the information and knowledge from foreign countries were highly restricted before, whereas now local students can be exposed to a wider variety of ways of thinking. This has also benefited the development of academics in the nation, which has been accelerating in recent years.

For those benefits stated above, it is understandable that universities are now accepting more foreign students than in the past. (353 words)

私は、大学が現在、以前よりも留学生を必要としているという考えに同意します。留学生のおかげで、大学は大きな研究成果を上げ、収益性を維持し、新鮮なアイデアを考案することができます。

第1に、大学は他国の卓越した学生に、大学の業績に貢献してもらうことができます。たとえば日本では、若者の数が減っており、優秀な学生の数も減っています。そのため、優秀な成績を収める国内の学生は、東京大学や京都大学などの少数の大学に集中する傾向があります。他の大学は、才能のある個人を獲得するために外国に依存しなければなりません。実際、一部の大学は、留学生を呼び込むために彼らを優遇した奨

学金を提供していますが、このようなケースは以前はめったにありませんでした。

第2に、大学の財政を維持するためには留学生が必要です。多くの先進国で若者の数が減少しているため、多くの大学で学生が定員を割るという状況になっています。これは授業料収入の減少を伴い、大学にとって財政的な問題を引き起こします。たとえば、前述のように、日本では最近、応募者数が急減しているため、多くの大学で支払い能力を維持することが困難になっています。彼らの多くが見いだす解決策は、留学生を受け入れることです。実際、その多くには現在、中国やベトナムなどの海外の学生が多数在籍しており、それによって彼らは財政を支えることができています。

最後に、留学生の受け入れで、多様性の観点からキャンパスのコミュニティ全体が良くなっています。留学生は自国で得た知識や経験を地元の学生と共有することができます。たとえば、日本は何世紀にもわたって孤立した国であり、外国からもたらされる情報や知識が以前は厳しく制限されていましたが、今では地元の学生はさまざまな考え方に触れることができます。これは、近年加速している全国の学者のレベルアップにもつながっています。

前述の利点のために、今の大学がこれまでよりも多くの留学生を受け入れるのは当然だと言えます。

- ☐ prominent 卓越した (= outstanding) ☐ contribute to …に寄与する ☐ institution 機関・組織
- ☐ a handful of 少数の、わずかの ☐ resort to …に頼る ☐ lucrative 利益が得られる
- ☐ so as to *do* …するために (= in order to *do*) ☐ the case 当てはまる (= true)

- ☐ lead to …につながる ➡ 因果関係を表すときにとても使いやすい表現 ☐ lack …が不足する
- ☐ entail …を伴う ➡ レベルの高い単語だが慣れるとさまざまな場面で使える便利な単語 ☐ tuition 学費
- ☐ pose trouble for …に問題を起こす ☐ witness …を目撃する ☐ plummet 急落
- ☐ solvent 支払い能力のある ☐ come up with …を思いつく ☐ thereby それにより
- ☐ shore up …を支援する

- ☐ in terms of …に関して ☐ diversity 多様性 ☐ restrict …を制限する
- ☐ whereas = while 一方で ➡ 対比を表すのに便利な接続詞
- ☐ expose A to B A を B にさらす ☐ a variety of さまざまな…
- ☐ benefit …に利益をもたらす ➡ benefit from (…から利益を得る)と使い方を混同しないように注意
- ☐ academic 学者 ☐ accelerate 加速する

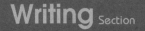

Writing Section

模範解答 ❶ 解説レクチャー

大学にとって外国人学生が昔よりも重要となっているかを問う問題です。「大学」「外国人」「昔より」という条件があることを忘れないようにしてください。イントロの2文目で3つの理由を予め述べていて、それがそれぞれのBody paragraphの内容につながっています。

1つ目の理由は、学生数が少なく優秀な学生は少数の大学に集中してしまう現状と、一部の大学は海外からの留学生を優遇した奨学金を提供していることを述べています。また最後に過去にはそういったことはほとんどなかったと述べることで過去との対比をしています。

2つ目は外国人留学生がいないと大学の財政が苦しくなってしまうことを述べています。こちらも若者の減少と多くの留学生を迎え入れている日本の現状を具体例にしています。

3つ目は知識や経験をさまざまな国の人と共有できるという利点を述べています。きちんと過去との対比にも触れています。

結論はイントロをさらりと1文で言い換えています。イントロや結論に多くの時間をかける人がいますが、高得点取得のために大事なのはBodyの充実です。

模範解答 ❷

I agree that attracting international students carries more weight now for universities than it used to do in the past. The reason is two-fold—one, universities are being increasingly evaluated on the basis of the size of their international student body, and two, globalization has progressed to such a degree that international exchange is now ubiquitous.

To begin with, the presence of a sufficiently large number of international students plays more significant role now than in the past in determining the competitiveness of universities. For instance, universities around the world are ranked by major publishers each year based on a number of factors. One such factor is the size of their international student body, which is being assigned a greater weight today than in the past. This demonstrates that it is even more critical for universities today to attract international talent in addition to improving the quality of their faculty and investing in school facilities, etc., to be competitive in global rankings.

That a university's student body should comprise a sufficient number of international students is also evident from the fact that we live in a highly globalized world. Compared to, say, a decade ago, because of increased international travel as well as accommodating immigration policies in many countries, students today are more likely to find themselves engaged in international exchange with people coming from diverse backgrounds where mutual understanding is ever more important. Learning alongside international students helps domestic students develop an ability to form informed opinions and be understanding towards different ways of thinking.

To sum up, I am in agreement with the statement that attracting a sufficiently high proportion of international students carries more weight for universities today than in the past. This is because the size of the international student body of a school plays a more significant role in determining its position in global university rankings and having international students on campus is conducive to educating home students to be well-educated global citizens. (328 words)

私は、留学生を引きつけることは、昔より今の方が大学に重要視されているという意見に同意します。その理由は2つあります。1つは、大学が留学生の人数に基づいて評価されることが増えていること、2つ目は、グローバル化が進んで、国際交流があらゆる所で行われるようになっていることです。

まず、大学の競争力を判定する上で、多くの留学生の存在がこれまで以上に重要な役割を果たしています。たとえば、世界中の大学が、さまざまな要因に基づいて毎年主要な出版社によってランク付けされています。その要因の1つは、留学生の人数で、今日では、以前よりも重みが増してきています。このことは、現在の大学にとって、教員の質の向上や学校施設への投資などに加えて、海外の人材を引きつけることが、グ

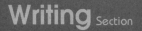

ローバルランキングで競争力を維持するためにさらに重要であることを示しています。

大学の学生の中に十分な数の留学生がいたほうがいいということは、私たちが高度にグローバル化した世界に住んでいるという事実からも明らかです。たとえば、10年前と比較すると、多くの国で海外旅行をする人が増え、移民政策を考慮しているため、現在の学生は、多様なバックグラウンドを持つ人々との国際交流に関わる傾向にあり、そこでは相互理解がこれまで以上に重要になっています。留学生と一緒に学ぶことは、国内の学生が知識に基づいた意見を形成し、さまざまな考え方を理解する能力を養うのに役立ちます。

つまり、私は、留学生の割合が高いことが、以前よりも大学にとって重要になっているという主張に同意します。なぜなら、学校の留学生の人数が世界の大学ランキングでの順位を決定する上でより重要な役割を果たしており、キャンパスに留学生を受け入れることは、地元の学生をよく教育されたグローバル市民として教育するのに役立つためです。

☐ carry weight 重要な役割を果たす　☐ used to *do* 以前は…した　☐ two-fold 2要素からなる
☐ increasingly ますます　☐ evaluate …を評価する　☐ on the basis of …に基づいて
☐ student body 全学生　☐ progress to a degree that 節 …という段階に進む
☐ ubiquitous いたるところにある

☐ competitiveness 競争力　☐ rank …を格付けする　☐ demonstrate that 節 …を示す・説明する
☐ critical 重要な

☐ comprise …から成る　☐ compared to …と比べると　☐ accommodate …を考慮する
☐ be likely to *do* …しそうである　☐ engaged in …に携わっている　☐ diverse 多様な
☐ alongside …と一緒に　☐ help X *do* Xが…するのに役立つ

☐ sum up 要約する　☐ be in agreement with …に同意する　☐ proportion 割合
☐ be conducive to …の助けとなっている

ライティング問題2 | Independent Task | 解説

模範解答 ❷ 解説レクチャー

I agree ... で問題英文に賛成していますが、have の代わりに attract、students from foreign countries の代わりに international students など、適宜問題英文とは異なる表現を使用しています。

ボディー部分において、それぞれのパラグラフを Firstly、Secondly などで始める方法がありますが、これだと単調な始まり方に見えがちですので、代わりに第2パラグラフでは To begin with、第3パラグラフでは also を用い議論の移り変わりを表現しています。

また、Independent Writing では、第2パラグラフの For instance, universities ... のように、理由の後にその事例を示すことができると、より説得力がある解答にすることができます。

なお、必ず For example や For instance で始める必要はなく、第3パラグラフのように、Compared to ... ではじめ、時代や物事の比較をもって具体例とすることもあります。

最後に、第4パラグラフでは、イントロやボディーで使用したものとは異なる表現を用い、再度自身の主張を述べ、その理由も再掲しています。

このエッセーでは、ボディーは2つのパラグラフで構成されています。3つのボディーがより頻繁に見られたり、推奨されたりしますが、ボディー2つでは絶対にダメとか、点数が出ない採点基準になっている、ということではありません。どうしてもアイデアが2つしか出ない場合は、ボディー2つでもしっかり書けていれば高い点数は出ます。3つのボディーを書くことが理想的ですが、どうしてもボディーを2つにしなければならない場合は、次のような落とし穴に陥らないように注意して書きましょう。

・必要以上に detail が入ってきてしまう（読み手がついていけない）
・in other words ... のように、同じことが繰り返される
・いつの間にか話が逸れてしまう

Writing Section

Unit 3 本試験形式問題演習 Set 2

ライティング問題 1 … 222~239
(Integrated Task: Reading + Listening)
ライティング問題 2 … 240~251
(Independent)

＊問題毎に、模範解答と解説が掲載されています。

Unit 3　本試験形式問題演習 Set 2

ライティング問題1　Integrated Task

Writing Based on Reading and Listening

● 問題演習の流れ（下記の解答方法を必ずお読みください）

- [ ] 音声ファイル（WS2_01.mp3）スタート ➡ 問題英文リーディング3分 ➡ 問題英文リスニング ➡ 準備と解答で20分（タイピング）➡ 解答を保存して終了　という流れで解答します。
- [ ] 3分間のリーディングの前に、Begin reading after the beep. という音声が流れます。
- [ ] 3分間のリーディング時間は、「ピー」という音で終わり、リスニング音声が続けて流れます。
- [ ] 20分の準備・解答の前に、Begin to plan and write your response after the beep. と音声が流れます。
- [ ] 解答はパソコンなどでタイピングしてください。解答データは保存することをおすすめします。
- [ ] 20分のライティング解答時間は、「ピー」という音で終わります。

● WEB解答方法

- [ ] 本試験と同様の方法で取り組みたい場合は、Webで解答できます。
- [ ] インターネットのつながるパソコン・スマートフォン等で、以下のサイトにアクセスしてWeb上で解答してください。

eytester.com

- [ ] 操作方法は、P.11–12の「USA Club Web学習の使い方」をご参照ください。

Writing Section

● 学習の記録

学習開始日	年　　　月　　　日	学習終了日	年　　　月　　　日

学習メモ ▶

....

....

....

....

....

....

学習開始日	年　　　月　　　日	学習終了日	年　　　月　　　日

学習メモ ▶

....

....

....

....

....

....

学習開始日	年　　　月　　　日	学習終了日	年　　　月　　　日

学習メモ ▶

....

....

....

....

....

....

WS2_01

Reading Time: 3 minutes

Two very peculiar silver coins were found in Newcastle in Ireland. These coins, referred to as Hiberno-Manx Coins, were minted and used by the Vikings, the explorers and sea warriors from Scandinavia who were active from 700 to 1100 AD. The discovery of the coins, however, does not mean the Vikings brought the coins to actually use them in their daily lives in this region.

The Vikings did mint coins and actually used them, but they did so most actively in present day York, which is a city in England, not Ireland. The two are more than 300 km apart, and what is more, these two islands are physically separated by the Irish Sea. The Vikings could travel across the sea, but it was too much of a risk to bring a large quantity of valuable coins over a long distance. Considering this, it is not likely that the coins produced in York or any other cities in England were brought to Ireland and used for specific purposes.

Had Hiberno-Manx Coins been found in abundance in and around Newcastle, we could have expected a greater likelihood of the coins having been actually used there. Initially, only two silver coins were found and some more were discovered later, but still, the number is too small for us to believe that Hiberno-Manx Coins had any practical and concrete use in this region.

Finally, the fact that Ireland back then was a coinless society tells all. A scientific investigation revealed that these excavated coins were produced sometime around 800 AD. Native dwellers at this time in Ireland had no practice of using coins as currency. Clearly, it is not logical to conclude without further evidence that Hiberno-Manx Coins were being used for specific purposes in a coinless society.

ライティング問題1 | Integrated Task | 音声／問題

Writing Section

Summarize the points made in the lecture you just heard, and explain how they cast doubt on points made in the reading passage.

Response Time: 20 minutes

MEMO

次の見開きもメモ欄です。

Set 2　ライティング問題1　Integrated Task　MEMO

MEMO

Writing Section

⇨ 解答はパソコン等でタイピングしてください。

Set 2 ライティング問題1 | Integrated Task 解説

📄 Reading Passage

Hiberno-Manx Coins

Two very peculiar silver coins were found in Newcastle in Ireland. These coins, referred to as Hiberno-Manx Coins, were minted and used by the Vikings, the explorers and sea warriors from Scandinavia who were active from 700 to 1100 AD. The discovery of the coins, however, does not mean the Vikings brought the coins to actually use them in their daily lives in this region.

The Vikings did mint coins and actually used them, but they did so most actively in present day York, which is a city in England, not Ireland. The two are more than 300 km apart, and what is more, these two islands are physically separated by the Irish Sea. The Vikings could travel across the sea, but it was too much of a risk to bring a large quantity of valuable coins over a long distance. Considering this, it is not likely that the coins produced in York or any other cities in England were brought to Ireland and used for specific purposes.

Had Hiberno-Manx Coins been found in abundance in and around Newcastle, we could have expected a greater likelihood of the coins having been actually used there. Initially, only two silver coins were found and some more were discovered later, but still, the number is too small for us to believe that Hiberno-Manx Coins had any practical and concrete use in this region.

Finally, the fact that Ireland back then was a coinless society tells all. A scientific investigation revealed that these excavated coins were produced sometime around 800 AD. Native dwellers at this time in Ireland had no practice of using coins as currency. Clearly, it is not logical to conclude without further evidence that Hiberno-Manx Coins were being used for specific purposes in a coinless society.

Writing Section

Hiberno-Manx コイン

アイルランドのニューキャッスルで、2枚の変わった銀のコインが発見された。これらは Hiberno-Manx コインと呼ばれており、西暦700年から1100年まで活動した、北欧の冒険家であり海の戦士でもあるバイキングによって鋳造、使用されたものである。しかしながら、コインの発見は、バイキングがこの地方で実際に日常生活に使用するためにコインを持ち込んだということを意味するわけではない。

確かに、バイキングはコインを鋳造し、実際に使用していたが、それはアイルランドではなく、現在のイングランドの都市、ヨークにおいて最も盛んに行われた。この2つの地域は、300キロ以上も離れており、さらにこれら2つの島は、アイルランド海によって物理的に隔てられている。バイキングは、海を渡ることができたが、大量の高価なコインを遠く離れた場所に運ぶことには、あまりにも多くの危険が伴った。これを考慮すると、ヨークなどのイングランドの都市で製造されたコインが、特定の目的に使用されるためにアイルランドまで運ばれた可能性は低い。

もし Hiberno-Manx コインが、ニューキャッスルやその周辺で大量に見つかったというのであれば、コインがそこで実際に使用された可能性ははるかに高くなったであろう。初めに銀のコインが2枚だけ発見され、後にさらに多くが発見されたが、この地方で Hiberno-Manx コインに、実用的かつ具体的な用途があったとするには、依然として数が少な過ぎるのである。

最後に、当時アイルランド社会には、硬貨が存在していなかったという事実が、すべてを物語っている。これらの発掘されたコインは、西暦800年頃に作られたということが科学的な調査によって明らかにされた。この時代のアイルランドの原住民は、コインを通貨として使用する習慣がなかった。さらなる証拠がないにもかかわらず、Hiberno-Manx コインが、硬貨のない社会で特定の目的で使用されていたと結論づけるのは、明らかに論理的ではないのである。

- ☐ peculiar 独特の、特殊な ☐ refer to A as B A を B と呼ぶ ☐ mint（貨幣）を鋳造する
- ☐ warrior（昔の）戦士 ☐ present day 現代 ☐ apart 離れて ☐ what is more そのうえ、しかも
- ☐ physically 物理的に ☐ a large quantity of 大量の…、多量の… ☐ valuable 高価な、貴重な
- ☐ over a long distance 長距離を ☐ considering …を考慮すると
- ☐ it is not likely that 節 …は可能性が低い ☐ in abundance 多量に ☐ likelihood 可能性
- ☐ initially 当初は ☐ practical use 実用的用途 ☐ concrete use 具体的用途
- ☐ back then その当時は ☐ scientific investigation 科学調査 ☐ reveal that 節 …を明らかにする
- ☐ excavate …を発掘する ☐ dweller 住人 ☐ practice of *doing* …する習慣 ☐ currency 通貨

229

Set 2 ライティング問題1 Integrated Task Listening Script

 WS2_01script

We just read an interesting story about the so-called Hiberno-Manx Coins. We have very strong reason to speculate that these coins were brought to the towns in Ireland, including Newcastle, by the Vikings and that they were actually being used.

It's true that England and Ireland are far apart and divided by the sea. However, there were a lot of comings and goings between the two. Extremely active and aggressive, the Vikings readily navigated their way through vast oceans including the North Sea, the Atlantic Ocean, and the Mediterranean Sea. Compared to these, the sea between England and Ireland is close to nothing. When the Vikings in England headed west, they used the coins to pay for necessary expenditures.

Next, we can easily explain why there have been only a few silver coins discovered. Hiberno-Manx Coins are made of silver. It is an expensive and valuable metal, and it was even more so in their time. The Vikings invaded many towns and attacked local people, but they were also counterattacked by the locals. Eventually, the Vikings retreated from many of the lands they invaded, but in doing so, they of course took all the money they possessed. No wonder we can't find many leftover coins.

Lastly, Ireland then was not really a coinless society. Well, it used to be, but the Vikings changed that. They minted coins and brought them to Ireland. In fact, the Vikings in Dublin, a large city in Ireland, did produce their own coins. Besides, there is

私たちはたった今いわゆるHiberno-Manxコインについての興味深い文章を読みました。これらのコインがバイキングにより、ニューキャッスルを含むアイルランドの町に持ち込まれ、そして実際に使われていたと推測できるだけの有力な証拠があります。

確かに、イングランドとアイルランドは遠く離れ、そして海に隔てられています。しかし、イングランドとアイルランドの間には頻繁な交流があったのです。極めて活発で攻撃的なバイキングは、北海、大西洋、地中海を含む広大な海を自在に航行していました。これらの海に比べれば、イングランドとアイルランドの間の海はあってなきに等しいものです。イングランドにいたバイキングが西に向かって移動を始めた際、彼らはコインを使って必要な費用を支払ったのです。

次に、なぜ銀のコインはほんの少ししか見つかっていないのかということについては、簡単に説明することができます。Hiberno-Manxコインは銀でできています。銀は現在も高価で貴重な金属であり、まして当時はなおさらでした。バイキングは多くの町に侵攻し、地元住民を襲いましたが、同時に地元住民からの反撃にも遭っています。結局、バイキングは侵攻した多くの土地から撤退しましたが、その時持っていたお金はもちろんすべて持ち帰りました。大量のコインが残されていないのも無理はありません。

最後に、当時のアイルランドは硬貨がない社会だったというわけではないのです。えー、もともとはなかったのですが、バイキングが変えました。彼らはコインを鋳造して、アイルランドに持ってきました。実際、

Writing Section

a small island called *Man*—M, A, N—near Ireland, and there exists definitive evidence for coin-minting there. Actually, the "Manx" in Hiberno-Manx Coins came from this small island named MAN. Furthermore, "Hiberno" means Ireland. It's easy to imagine that those coins from England or those made in Ireland were circulating abundantly in Ireland.

アイルランドの大都市、ダブリンにいたバイキングは、自分たちのコインを製造しています。それに、アイルランドの近くには M, A, N——マンという小さな島があり、コインの鋳造を裏づける決定的な証拠が存在しています。実は、Hiberno-Manx コインの Manx の由来はこの小さなマンという島なのです。さらに、Hiberno はアイルランドのことです。イングランドから持ち込まれたコインやアイルランドで製造されたコインが、アイルランドで大量に流通していたことは容易に想像ができるのです。

- ☐ so-called いわゆる ☐ speculate that 節 …であると推測する

- ☐ far apart 遠く離れて ☐ divide …を隔てる ☐ comings and goings 人の往来、活動 ☐ readily 難なく
- ☐ navigate one's way through …を航海する ☐ compared to …と比べると
- ☐ be close to ほとんど…だ ☐ head west 西を目指す ☐ expenditures 費用、経費

- ☐ invade …に侵入する ☐ counterattack …に逆襲する・反撃する ☐ eventually 結局、ついに
- ☐ retreat （軍が）退却する、退く ☐ possess …を所有する
- ☐ No wonder SV = It's no wonder SV …なのは無理もない ☐ leftover 残りの

- ☐ used to *do* 以前は…した ☐ besides そのうえ ☐ there exist …が存在する ☐ definitive 決定的な
- ☐ evidence 証拠 ☐ furthermore さらに ☐ circulate （通貨）が流通する ☐ abundantly 豊富に

📄 Summarize the points made in the lecture you just heard, and explain how they cast doubt on points made in the reading passage.

今聴いた講義で述べられた論点をまとめ、それらがリーディング・パッセージ内の論点にどのように疑問を投げかけているか説明してください。

Set 2　ライティング問題1　Integrated Task　解説

メモ例①

Hiberno-Manx Coins
✗ Vikings brought to Ireland

① far
　Irish sea　risk
　　　　valuable coins

active　aggressive
went farther places

② number ↓　　〔↓少〕

silver　valuable
retreated
took money

　　　　　〔→ 時系列〕

③ coinless society ——→ Vikings changed
　800 AD　　　　　　Man　mint
　　　　　　　　　　　　╲╲
　　　　　　　　　　Hiberno-Manx
　　　　　　　　　　　　‖
　　　　　　　　　　Ireland

Writing Section

📣 模範解答 ❶

The reading passage denies the possibility that Vikings brought Hiberno-Manx Coins to Newcastle in Ireland for three reasons. On the other hand, the professor advocates the idea that they did carry them there, claiming that all of the theories that the reading cites are baseless.

First, the reading mentions that Vikings did use the coins, yet not in Newcastle, Ireland, but in York, England. These two places are far away from each other and divided by the sea; therefore, it was unlikely for them to transfer huge amounts of precious coins. The professor dismisses this theory as nonsense citing the fact that even though there is a sea between the two regions, a number of ships in fact moved back and forth between them. Vikings were active and aggressive enough to navigate through the tremendous oceans. Therefore, compared to the voyage to these areas, the trip from York to Newcastle was highly feasible.

In addition, the second reason the reading stated was the low number of coins discovered in and near Newcastle. The number is too small to indicate the coins were circulated in the area. However, that idea is denied by the professor, substantiating that the coins were made of silver, which was of great value, so when the Vikings retreated from the area, they brought them with them. This can explain why there are not many coins found in the region.

Finally, the reading cites as concluding evidence the fact that Ireland was the place where no coins were utilized as currency when Hiberno-Manx Coins were used. Antithetically, the professor once again dismisses the theory as nonsense. Ireland used to have no coins, yet the Vikings brought coins to Ireland and actually minted them in Dublin. In addition, he corroborates this, stating linguistic evidence. Coins were minted on an island called Man near Ireland, and Hiberno means Ireland; thus, it is safe to guess that Hiberno-Manx Coins were circulating in high volumes.
(324 words)

| Set | 2 | ライティング問題1 | Integrated Task | 解説 |

文章は、バイキングがアイルランドのニューキャッスルに Hiberno-Manx コインを持ち込んだ可能性を３つの理由で否定しています。一方、教授は、彼らが運んできたのだという説を提唱し、文章が挙げているすべての仮説は根拠がないと主張しています。

まず、文章は、バイキングはコインを使用したが、それはアイルランドのニューキャッスルではなく、イングランドのヨークだったと述べています。これらの２つの場所は互いに遠く離れており、海で隔てられています。したがって、彼らが大量の貴重なコインを運んだことはありそうにありません。教授は、２つの地域の間に海があるにもかかわらず、実際には多くの船がその間を行き来したという事実を理由に、この理論をナンセンスとして却下しました。バイキングは、広大な海を航海するほど活発で攻撃的でした。したがって、これらの地域への航海と比較して、ヨークからニューキャッスルへの移動は十分に可能でした。

さらに、文章が述べている２番目の理由は、ニューキャッスルとその近くで発見されたコインの数の少なさでした。数が少なすぎるため、コインがその地域で流通していたと言うことはできません。しかし、この考え方は、コインは非常に貴重な銀でできていたと述べている教授によって否定されています。バイキングがその地域から撤退したとき、彼らはそれらを持っていきました。これで、この地域でコインがあまり見つからない理由を説明することができます。

最後に、この文章は、Hiberno-Manx コインが使用されたとき、アイルランドはコインが通貨として使用されていなかった場所だという事実を結論として述べています。逆に、教授はこの仮説もナンセンスとして却下しています。アイルランドにはかつてコインがありませんでしたが、バイキングがアイルランドにコインを持ち込み、実際にダブリンで鋳造しました。さらに、彼は言語学的証拠を示してこれを証明しています。コインはアイルランドの近くのマンという島で鋳造されました。ヒベルノはアイルランドを意味します。したがって、Hiberno-Manx コインが大量に流通していたと考えても問題ないわけです。

✎ □deny …を否定する　□advocate …を提唱する　□baseless 根拠のない
　□back and forth 行ったり来たり　□tremendous 巨大な　□compared to …と比べて
　□feasible 実行可能な
　□circulate …を流通させる　□substantiate …を実証する
　□retreat 退却する　□mint …を鋳造する　□corroborate …を裏づける　□linguistic 言語の

234

Writing Section

模範解答 ❶ 解説レクチャー

リーディングでは、バイキングが Hiberno-Manx コインをニューキャッスルに運んだと考えられない 3 つの理由が述べられていますが、教授はそれらを全て否定しています。

リーディングで挙げられた 1 つ目の理由は、ニューキャッスルがコインが鋳造された場所からは海で隔てられた遠方にあることです。教授は、バイキングはもっと困難な航海をしていたためニューキャッスルへの旅は、それと比べるとたいしたことではないと説明しています。

リーディングの 2 つ目の理由は、ニューキャッスルで見つかったコインの少なさです。しかし、教授は、それは貴重な銀でできたコインをその地域から退却する際に持ち帰ったからだと否定しています。

リーディングが述べる 3 つ目の理由は、当時のアイルランドではコインが通貨として使われていなかったことです。しかし、教授は MAN で作ってアイルランドに持ち込んだものだとし、コインの名称の語源をさらなる証拠としてあげています。このように情報が足されることもあるので、聞き逃さないように注意しなければいけません。

235

Set 2 | ライティング問題1 | Integrated Task | 解説

メモ例②

Ⓡ　　　　　　　　　Ⓛ

1

true, far apart

coming & going

navigated vast oceans

　　　North Sea, Atlantic

close to nothing

pay for expenditure

2

few coins discv.

silver

expensive, valuable

invaded & attacked

　→ counterattacked

retreated

took all the money

3

not coinless

it was. V. changed

Dublin produced ◯

MAN (island)

evidence of coin minting

H<u>M</u> coin　　<u>M</u>AN

Hiberno = Ireland

can imagine

236

Writing Section

🚩 模範解答 ❷

Both the reading passage and the lecture talk about the discovery of Hiberno-Manx Coins in Newcastle in Ireland. Whereas the author of the reading passage claims that it is unlikely that these coins were brought to the region and used by the Vikings, the lecturer challenges this argument by saying that there is firm evidence to suggest that the Vikings carried them to Ireland and used them.

Firstly, it is argued in the reading passage that the Vikings minted and used coins mainly in England, specifically present-day York. Citing that the two regions are separated by the sea, the author concludes that even though the Vikings had the capability to travel across the sea, it is unlikely that they took such a risk. The lecturer, however, refutes this viewpoint by pointing out the frequent comings and goings between the two places. According to the lecturer, the Vikings were experienced in navigating through treacherous waters and for them, the sea between the two regions should not have posed much of a threat.

Secondly, the author of the reading passage points out the extremely small number of coins discovered in the area, which fails to support the theory that Hiberno-Manx Coins had major use. On the other hand, the lecturer posits that there were only so few of them because the Vikings took most of the coins with them because they were made of precious metals as they withdrew from the area in response to the attacks by the locals.

Finally, the author draws on the absence of coins in Ireland around the time. Without additional evidence, it is impractical to conclude that people at this time used Hiberno-Manx Coins as currency, the author adds. However, the lecturer rebuts this argument by asserting that Ireland started to use coins after the Vikings introduced them. To support his claim, the lecturer turns to Dublin where, according to him, the Vikings were involved in minting coins and an island called MAN from which Hiberno-Manx Coins might have originated. (334 words)

Set 2 ライティング問題1 Integrated Task 解説

文章と講義のいずれも、アイルランドのニューキャッスルでの Hiberno-Manx コインの発見について論じています。文章の筆者は、これらのコインがバイキングによってこの地域に持ち込まれ、使用された可能性は低いと主張していますが、講師は、バイキングがそれらをアイルランドに運び、使用したことを示唆する確固たる証拠があると述べて、それに異議を唱えています。

第1に、バイキングが主にイングランド、特に現在のヨークでコインを鋳造して使用していたと、文章で述べられています。2つの地域が海によって隔てられていることを理由に、筆者はたとえバイキングに海を渡る力があったとしても、彼らがそのような危険を冒した可能性は低いと結論づけています。しかし、講師は、2つの場所の間で頻繁な往来があったことを指摘して、この見方に反論しています。講師によると、バイキングは危険な海域を航行した経験があり、彼らにとって、2つの地域の間の海はそれほどの脅威ではなかったはずだとのことです。

第2に、文章の筆者は、この地域で発見されたコインの数が非常に少ないことを指摘しています。このことは、Hiberno-Manx コインが主に使用されたという仮説を支持していません。一方、講師は、バイキングが地元の住民から攻撃を受けて地域から撤退した際、コインは貴金属でできていたため、ほとんど持ち去ってしまったので、残された数は非常に少なかったのだと断定しています。

最後に、筆者は、当時のアイルランドにコインがなかったことを理由に挙げています。追加の証拠なくして、当時の人々が Hiberno-Manx コインを通貨として使用したと結論づけることは非現実的である、と説明を加えています。しかし、講師は、バイキングが持ち込んでから、アイルランドでコインを使い始めたのだと主張して、この議論に反論しています。自分の主張を裏づけるために、講師は、バイキングがコインの鋳造に関与していたというダブリンと、Hiberno-Manx コインが生まれた可能性がある MAN という島に目を向けています。

Writing Section

☐ whereas …であるのに対して ☐ it is unlikely that 節 …はありそうもない
☐ challenge（正当性など）を疑う ☐ argument 主張 ☐ firm evidence 確かな根拠

☐ specifically 特に ☐ present-day 現代の ☐ cite …を引き合いに出す ☐ conclude …と結論づける
☐ capability 能力 ☐ refute …の誤りを証明する ☐ viewpoint 見解
☐ treacherous 一見安全そうで実は危険な ☐ pose（危険など）を引き起こす

☐ posit …を推測する・結論づける ☐ precious 貴重な、高価な ☐ withdraw from …から撤退する
☐ in response to …に対応して ☐ the locals 地元の人

☐ draw on …を利用する・引き合いに出す ☐ rebut …の反証を挙げる
☐ assert that 節 …だと断言する ☐ originate from …で生まれる

模範解答 ❷ 解説レクチャー

Whereas the author of the ... で使用されている whereas は、リーディングパッセージと講義で相反しているポイントを強調するために使っています。On the other hand や In contrast などを用い、この文を2文に分けて対照的な意見であることを示すこともできます。

The lecturer, however, refutes ... 内にある point out ... は、講師がリーディングへの反論に使用している、2つの地域間の頻繁な行来を取り上げるために使用しました。この文のように、ある事柄が否定されている状況を述べた後で、by pointing out ... のように使用すると、否定の根拠をスムーズに紹介することができるので便利です。

次に、On the other hand, the lecturer ... で使用されている posit は、「推測する、結論づける」という意味を持っています。say や mention でも代替可能ですが、多様な語彙を使用するという目的で、今回は posit を使いました。

Unit 3　本試験形式問題演習 Set 2

ライティング問題 2 ｜ Independent Task

Writing Based on Knowledge and Experience

● 問題演習の流れ（下記の解答方法を必ずお読みください）

- ☐ 音声ファイル（WS2_02.mp3）スタート ➡ 準備と解答（タイピング）で30分 ➡ 解答を保存して終了　という流れで解答します。
- ☐ 30分の準備・解答の前に、Begin to plan and write your response after the beep. と音声が流れます。
- ☐ 30分のライティング解答時間は、「ピー」という音で終わります。
- ☐ 解答はパソコンなどでタイピングしてください。解答データは保存することをおすすめします。

● WEB 解答方法

- ☐ 本試験と同様の方法で取り組みたい場合は、Web で解答できます。
- ☐ インターネットのつながるパソコン・スマートフォン等で、以下のサイトにアクセスして Web 上で解答してください。

eytester.com

- ☐ 操作方法は、P.11–12 の「USA Club Web 学習の使い方」をご参照ください。

Writing Section

● 学習の記録

学習開始日	年　　　月　　　日	学習終了日	年　　　月　　　日

学習メモ ▶

....
....
....
....
....
....

学習開始日	年　　　月　　　日	学習終了日	年　　　月　　　日

学習メモ ▶

....
....
....
....
....
....

学習開始日	年　　　月　　　日	学習終了日	年　　　月　　　日

学習メモ ▶

....
....
....
....
....
....

Set 2 ライティング問題2 | Independent Task 問題

🔊 WS2_02

Do you agree or disagree with the following statement?:

In modern times, teachers learn more from students than students learn from teachers.

Use specific reasons and examples to support your answer.

Response Time: 30 minutes

MEMO ▶

Writing Section

MEMO

⇨ 解答はパソコン等でタイピングしてください。

Set 2 ライティング問題2 | Independent Task 解説

> Do you agree or disagree with the following statement?:
>
> **In modern times, teachers learn more from students than students learn from teachers.**
>
> Use specific reasons and examples to support your answer.

次の主張に賛成ですか、反対ですか。

現代では、生徒が教師から学ぶよりも多くのことを教師が生徒から学びます。

あなたの答えを裏づけるために明確な理由と例を挙げてください。

模範解答 ①

It is sometimes said that there are a number of things teachers learn from their students such as new usage of language and technology; nevertheless, students still learn a lot more things from teachers than teachers from students. Students can acquire knowledge on subjects, learn ways to improve their studies, and be taught about life itself.

First, teachers provide students with knowledge about specific subjects. They are usually specialists of a particular area of study; they learned it not only in high school but also in the higher education system. In addition, they are trained in how to present the knowledge in a learnable fashion. To fulfill this task, teachers become highly knowledgeable, thereby enabling them to successfully convey the information to students. Therefore, students can absorb a large amount of new information from their teachers.

Writing Section

Second, not merely do teachers give lectures on their specialties but also teach their students the ways to study effectively as well as how to improve their studies efficiently. For instance, when I was in university, my English professor, Mr. Snell, was quite helpful in supporting my engagement with these fields. I had a challenging time studying at home on my own and my grades suffered as a result in the first year. However, Mr. Snell gave me sound advice regarding how to properly study alone based on his own experience, which allowed my grades to improve dramatically. This experience made me realize how beneficial not only the knowledge about the actual subject but also teachers' experience is to students.

Lastly, teachers know more about life itself since they have more life experience than their students. They can often provide some proper advice ranging from how to have relationships with other students to the ways to choose an appropriate career path. For instance, when I was in high school, my homeroom teacher, Mr. Yoshida, was of great help to me. When I had a clash with a friend, he was the one who smoothed out the problem. He also offered me tips regarding what occupation I should engage in in the future, thereby making it possible for me to pick out a university major that I should specialize in. Thus, teachers can show the directions in which their students should advance.

In conclusion, teachers can provide more to their students, not the reverse. Their knowledge on subjects, study strategies, as well as life experience are of great use to students who still have a long way to go through their life. (417 words)

言語やテクノロジーの新しい使い方など、教師が生徒から学ぶことはたくさんあると言われることがあります。それでもなお、教師が生徒から学ぶよりも多くのことを生徒は教師から学びます。学生は教科に関する知識を習得し、学習を改善する方法を学び、人生そのものについても教わることができます。

Set 2　ライティング問題2　Independent Task　解説

まず、教師は生徒に特定の教科に関する知識を与えます。彼らは通常、特定の研究分野の専門家です。彼らは高校だけでなくその上の高等教育機関でもその分野を学びました。さらに、彼らは学習可能な方法で知識を提示できるように訓練されています。教師はこの任務を遂行するために、高度な知識を身につけているので、生徒に情報をうまく伝えることができます。したがって、生徒は教師から多くの新しい情報を得ることができます。

第2に、教師は自分の専門分野について講義するだけでなく、効果的に勉強する方法や効率的に勉強を改善する方法を生徒に教えます。たとえば、私が大学にいたとき、私の英語の教授であるスネル先生は、これらの問題への私の取り組みをサポートしてくれました。1人で家で勉強するのは大変で、1年目は成績が悪くなりました。しかし、スネル先生は自分の経験に基づいて1人で効果的に勉強する方法についてしっかりしたアドバイスをくれたので、私の成績は劇的に向上しました。この経験から、実際の教科に関する知識だけでなく、教師の経験も生徒にとってどれほど有益であるかがわかりました。

最後に、教師は生徒よりも人生経験が豊富なので、人生そのものについてもよく知っています。彼らはしばしば、他の学生と関係を築く方法から適切なキャリアパスを選択する方法にいたるまで、いくつかの適切なアドバイスを与えることができます。たとえば、高校の担任の吉田先生にはとても助けられました。私が友人と衝突したとき、彼が問題を解決してくれました。彼はまた、私が将来どのような職業に従事すべきかについてのヒントをくれて、それによって私は大学で専攻する科目を選ぶことができました。このように、教師は学生が進むべき方向を示すことができます。

結論としては、教師が生徒に与えられることのほうが多いのであって、その逆ではありません。科目、学習方法、そして人生経験に関する教師の知識は、これからの人生で長い道のりを歩む学生にとって非常に役立つものです。

- ☐ nevertheless = nonetheless それでもやはり　☐ acquire …を得る
- ☐ knowledge on …についての知識 ➡ 前置詞の on には「…について」という意味もある

- ☐ particular 特定の　☐ in a ... fashion …な方法で ➡ fashion の他にも way や manner もある
- ☐ convey …を伝える　☐ absorb …を吸収する

- ☐ not merely = not only …だけでなく ➡ 文頭に否定の副詞 not merely を置いているので、後ろは倒置の形になっている
- ☐ be helpful in *doing* …するのに役立つ　☐ sound advice 適切な助言

- □ be beneficial to …に役立つ ➡ how に引っ張られて beneficial が前に出ている

- □ range from A to B A から B にまで及ぶ □ be of help = be helpful □ clash ケンカ □ tip 助言
- □ pick out …を選ぶ □ specialize in …を専門とする

模範解答 ❶ 解説レクチャー

現代は先生の方が生徒よりも学ぶことが多いかという問いです。

先生側が学ぶと言える理由がほとんど浮かばなかったため、イントロのなかで譲歩として触れるだけにし、その後考えられる反対の理由を 3 つ述べました。

1 つ目の理由では教師は教科のスペシャリストで知識が多いということ、そして教え方にも精通しているということを述べています。

2 つ目は勉強方法に関しても生徒に教えられるということを述べ、3 つ目には生徒は先生から学習面以外でも学べることがあるとし、人間関係やキャリア選択を例に挙げています。

かなり書きにくいトピックではありますが、なんとか 3 つアイデアを絞り出せるかが重要です。どうしても 3 つ浮かばない場合は 2 つを詳細に書いていくしかありません。

模範解答 ❷

We humans have been experiencing changes in many aspects of our lives throughout our history. The way education is provided is not an exception. In the past, a teacher stood in front of students and gave lectures. Students simply learned from the lectures. As far as the situation in my country, Japan, is concerned, educational frameworks today look a lot different, and in modern times, students are not just learning from teachers. They now provide useful lessons to teachers, to the extent those teachers learn more from students than students gain from their instructors.

To begin with, education-enthusiastic parents are increasing in number and so are kids with advanced skills. They sometimes teach or help rather than be taught or helped. This is particularly true in subjects that involve physical performance such as languages, art, music, PE, technology and engineering, programming, etc. For a language class, say an English class, for example, some students are educated early and have reached a bilingual level. As parents become more enthusiastic about education, which it seems is becoming increasingly common these days, the number of students with advanced skills has been increasing, at least in my country. Teachers can learn from these more skillful students. In fact, I often saw some of my classmates at high school helping our teacher writing a recommendation letter in English. Have teachers made the same degree of improvement? I doubt it.

In addition, technological advancement has given students access to vast amounts of information. Admittedly, the teachers also can do the same, but the range of information one busy, overwhelmed teacher can practically reach would not exceed that a group of students with more free time can, I believe. In this modern era, students are able to gather vast amounts of information even before they are taught by teachers. For science, social science, literature, art, etc., it is possible for them to gather information from wide sources, consolidate the pieces, and make something one individual cannot do. At college, I collaborated with other students and generated a great deal of information in a research paper on neuroscience, my major back then, which I believe contributed greatly to widening our professor's knowledge.

Last but not least, what teachers can learn from students is not limited to hard skills or knowledge. Now we see students from many different countries. Immersed in an environment that is increasingly diversifying, teachers can gain new perspectives, understand differences, and become able to construct more comprehensive teaching methods that work for those diverse students. On the other hand, the background of teachers has not been diversifying at the same rate. As a matter of fact, not even once have I been taught by non-Japanese teachers. What

Writing Section

students can gain, in terms of understanding diversity, from teachers has not changed much.

In conclusion, I believe the impact that students can exert on teachers has been getting bigger and bigger. I have no intention whatsoever to deny the importance of learning with teachers, but that is the point. Now students are learning "with" teachers, not merely "from" teachers. (512 words)

私たち人間は生活のさまざまな側面での変化を、歴史を通じて経験してきています。教育のありかたも例外ではありません。昔は、先生が生徒の前に立ち講義をしていました。生徒はただ先生の講義から学ぶだけでした。私の国、日本に関して言えば、教育の枠組みというのは現在かなり変化が見られ、近年では生徒はただ先生から学んでいるだけではありません。先生にとって有益な学びを今や生徒が与えています。それは、生徒が先生から学ぶ程度よりも、先生が生徒から学ぶ程度が大きくなるほどなのです。

まず、教育熱心な親の数が増えており、熟達したスキルを持つ生徒の数も増えています。そうした生徒は、教わったり助けられたりではなく、ときおり教えたり助けたりします。これは、言語、芸術、音楽、体育、技術や工学、プログラミングなど実技を伴う科目で顕著です。言語のクラス、たとえば英語のクラスでは、早期教育を受けていてバイリンガルのレベルに到達している生徒もいます。親が教育熱心になるにつれ（これは少なくとも日本では今日よく見られることですが）、卓越したスキルを持つ学生が増えてきています。先生はスキルを持ったこのような生徒から学ぶことができます。実際、先生が英語の推薦状を書くのを高校のクラスメイトが手伝っているのを見たことがあります。こうした生徒と同程度に先生は向上してきたでしょうか。それは疑わしいです。

さらに、技術の進歩のおかげで、学生は膨大な情報にアクセスできるようになりました。確かに先生も同様にアクセスできますが、仕事に追われ忙しい一人の先生が現実的に得られる情報の幅が、時間がある生徒の集団のそれを上回ることはないでしょう。現在において、生徒は先生に教わる前でさえ大量の情報を得られます。科学、社会科学、芸術、文学などのクラスでも、幅広い情報源から情報を集め、ピースをつなぎ、一人では作れないものを作ることが可能です。大学で私は他の生徒と協力し、（その時の

私の専攻であった) 脳神経科学に関する大きな研究論文を仕上げました。この論文は教授の知識を広げることに、大いに貢献したと思います。

最後に、先生が生徒から学べるのはハードスキルや知識に限定されません。今では多くの国から来た生徒を目にします。どんどん多様化していく環境に身を置くことで、先生は新しい知見を得て、違いを理解し、その多様な生徒に対してうまく機能するような包括的な教育法を構築することができます。他方で、先生のバックグラウンドは同じ速さでは多様化していません。事実、私は一度も日本人以外の先生に教わったことはありません。多様性を理解するという観点から生徒が先生から学べることはさほど変わっていません。

結論として、私は生徒が先生に与えるインパクトというのはどんどん大きくなっていると思います。先生と学ぶことの重要性を否定するつもりは全くなく、これこそがポイントです。今、生徒は先生と学んでいるのです、単に先生から学んでいるのではないのです。

- ☐ aspect 側面　☐ as far as ... is concerned … について考える限り　☐ extent 程度
- ☐ enthusiastic 熱心な　☐ the same degree of 同程度の…
- ☐ admittedly 確かに　☐ practically 現実的に　☐ contributed greatly to …に大きく貢献する
- ☐ last but not least 最後に　☐ diversify 多様化する　☐ at the same rate 同じペースで
- ☐ not even once 一度たりとも
- ☐ exert (影響など) を及ぼす　☐ whatsoever 全く (whatever の強意形)

Writing Section

模範解答 ❷ 解説レクチャー

これは、満点を狙いに行くレベルのエッセーです。オーソドックスな3ボディーの構造で、自分の意見をサポートする理由と事例を並べています。イントロで、日本について考察するのであれば、と一定の限定をしています。世界中のすべての教育環境が変わっているとは言い切れないので、読み手目線では違和感が出ないように、こうした限定をしておくと有効です。イントロで大事なのは、単に「学生が先生に大事な学びを与えている」と論じるのではなく、その程度が、「今日において」、「先生が生徒に与えるものよりも大きいのだ」、と問題に一字一句沿った答え方をしているところです。ここで多くの受験者が外してしまいます。あくまで今回は比較のエッセーです。それがブレないようなイントロにしています。

第1ボディーは実技におけるスキル (skill)、第2ボディーでは知識 (knowledge)、第3ボディーでは多様性 (diversity) を取り上げて展開しています。「学び」という言葉の範囲を考えたときに、skill, knowledge, diversity だなと最初に考えました。3つの異なる観点から、生徒が先生に与える影響の方が逆のそれよりも大きい、と論じることで、説得力を出そうとしています。実技だけ、情報アクセスだけ、多様性だけではなく、さまざまな面で状況が昔と変わっているんだと論じているわけです。やはり、読み手目線で常に考えています。たとえば、近年生徒が多大な情報にアクセスできる、と言ったとして、「それは先生もできることでしょ？」と読み手は思うだろうな、と感じたので、先回りしてそれをカバーする内容（先生はクラスに1人、生徒は集団で情報を集めることができるという流れ）を入れているわけです。

表現の幅としては、第1パラグラフの As far as the situation in my country, Japan, is concerned の挿入、第4パラグラフの Immersed in an environment that is increasingly diversifying の分詞構文、not even once have I been ... の倒置、など、予め自信をもって使える文の形やフレーズをいくつか持っているので、適所にそうした得意な文の形を入れこんでいます。このように、comfortable に使える表現をいくつか持っておくのは有効です。

Writing 満点を目指している人は参考にしてみてください。ただ、自信を持てない表現は使わないようにしましょう。練習を通じて自信を持って使える表現を増やし、その中で適切なものを本番で使う、が最適です。

251

Writing Section

Unit 4 本試験形式問題演習 Set 3

ライティング問題 1 … 254~271
(Integrated Task: Reading + Listening)
ライティング問題 2 … 272~282
(Independent)

＊問題毎に、模範解答と解説が掲載されています。

Unit 4　本試験形式問題演習 Set 3

ライティング問題1 ｜ Integrated Task

Writing Based on Reading and Listening

● 問題演習の流れ（下記の解答方法を必ずお読みください）

- □ 音声ファイル（WS3_01.mp3）スタート ➡ 問題英文リーディング3分 ➡ 問題英文リスニング ➡ 準備と解答で20分（タイピング）➡ 解答を保存して終了　という流れで解答します。
- □ 3分間のリーディングの前に、Begin reading after the beep. という音声が流れます。
- □ 3分間のリーディング時間は、「ピー」という音で終わり、リスニング音声が続けて流れます。
- □ 20分の準備・解答の前に、Begin to plan and write your response after the beep. と音声が流れます。
- □ 解答はパソコンなどでタイピングしてください。解答データは保存することをおすすめします。
- □ 20分のライティング解答時間は、「ピー」という音で終わります。

● WEB解答方法

- □ 本試験と同様の方法で取り組みたい場合は、Webで解答できます。
- □ インターネットのつながるパソコン・スマートフォン等で、以下のサイトにアクセスしてWeb上で解答してください。

eytester.com

- □ 操作方法は、P.11–12の「USA Club Web学習の使い方」をご参照ください。

Writing Section

● 学習の記録

学習開始日	年　　月　　日	学習終了日	年　　月　　日

学習メモ ▶

学習開始日	年　　月　　日	学習終了日	年　　月　　日

学習メモ ▶

学習開始日	年　　月　　日	学習終了日	年　　月　　日

学習メモ ▶

Reading Time: 3 minutes

In 1973, a law named the Endangered Species Act, or ESA for short, was enacted in the US. Self-explanatory by its name, the law was designed for the purpose of protecting endangered species from extinction. While many, scholars and citizens alike, embrace the notion of wildlife conservation, the administration of the ESA is subject to some criticism.

To begin with, there is a continuing skepticism toward the effectiveness of the act. Actually, there has been no or very little noteworthy recovery of populations for those periled species. Out of thousands of species listed as endangered species, only one percent of them have been delisted up until now. This indicates that conservation programs associated with the ESA are not working as expected.

In addition, there has been strong opposition to the funding associated biologists receive from the governmental agencies. Those biologists, critics claim, are exaggerating the severity of problems in order to draw a large amount of funding continuously. In fact, a good amount of funding has been allotted to supporting researchers, resulting in a criticism saying that personal gain under the name of the ESA cannot be tolerated.

Finally, what is called "critical habitat" is serving as a source of controversy. The act can define some areas, regardless of whether they are owned by the country or individuals, as designated land needed for the endangered species to recover. Naturally, many people, especially wildlife landowners, worry that their land will be seized by government agents for the purpose of safeguarding endangered species.

| ライティング問題1 | Integrated Task | 音声／問題 |

Writing Section

Summarize the points made in the lecture you just heard, and explain how they cast doubt on points made in the reading passage.

Response Time: 20 minutes

MEMO ▶

⇨次の見開きもメモ欄です。

Set 3　ライティング問題1 | Integrated Task | MEMO

MEMO

Writing Section

⇨ 解答はパソコン等でタイピングしてください。

Set 3 ライティング問題1 | Integrated Task | 解説

Reading Passage

Endangered Species Act (ESA)

In 1973, a law named the Endangered Species Act, or ESA for short, was enacted in the US. Self-explanatory by its name, the law was designed for the purpose of protecting endangered species from extinction. While many, scholars and citizens alike, embrace the notion of wildlife conservation, the administration of the ESA is subject to some criticism.

To begin with, there is a continuing skepticism toward the effectiveness of the act. Actually, there has been no or very little noteworthy recovery of populations for those periled species. Out of thousands of species listed as endangered species, only one percent of them have been delisted up until now. This indicates that conservation programs associated with the ESA are not working as expected.

In addition, there has been a strong opposition to the funding associated biologists receive from the governmental agencies. Those biologists, critics claim, are exaggerating the severity of problems in order to draw a large amount of funding continuously. In fact, a good amount of funding has been allotted to supporting researchers, resulting in a criticism saying that personal gain under the name of the ESA cannot be tolerated.

Finally, what is called "critical habitat" is serving as a source of controversy. The act can define some areas, regardless of whether they are owned by the country or individuals, as designated land needed for the endangered species to recover. Naturally, many people, especially wildlife landowners, worry that their land will be seized by government agents for the purpose of safeguarding endangered species.

絶滅危惧種法（ESA）

1973 年に、絶滅危惧種法、または略して ESA と呼ばれる法律がアメリカで制定され

Writing Section

ました。その名前から明らかなとおり、この法律は絶滅危惧種の絶滅を防ぐことを目的として制定されました。学者か市民かに関係なく、多くの人が野生生物保護の思想に賛同していますが、ESA の執行はいくつかの批判の対象になっています。

まず、この法律の有効性は絶えず懐疑的にとらえられています。実際、危機にさらされている種の個体数の回復は、全くあるいはほとんどありませんでした。絶滅危惧種としてリストアップされている数千種のうち、これまでにリストから外されたのはわずか 1 パーセントです。これは、ESA に関連する保護プログラムが期待どおりに機能していないことを示しています。

さらに、本件に関わる生物学者が政府機関から資金を受け取ることには強い反対がありました。そのような生物学者たちは、継続的に多額の資金提供を受けるために問題の深刻さを誇張しているのだと批判者は主張しています。実際、研究者を支援するために多額の資金が割り当てられており、ESA の名の下に個人が利益を得ることは容認できないという批判が結果として生じています。

最後に、「重要な生息地」と呼ばれるものが議論の対象となっています。この法律は、国と個人のどちらが所有しているかに関係なく、ある地域を絶滅危惧種の回復に必要な土地として指定することができます。当然のことながら、多くの人々、特に野生生物がすむ土地の所有者は、絶滅危惧種を保護するという名目で自分の土地が政府機関によって接収されることを心配しています。

- ☐ endangered species 絶滅危惧種　☐ act 法令、条例　☐ for short 略して
- ☐ enact …を（法として）制定する　☐ self-explanatory 自明の　☐ extinction 絶滅　☐ alike 同様に
- ☐ embrace (提案など) を喜んで受け入れる　☐ notion 考え、意見
- ☐ wildlife conservation 野生動物の保護　☐ be subject to …を受けやすい　☐ criticism 批判

- ☐ continuing 継続的な　☐ skepticism 懐疑　☐ effectiveness 効果のあること
- ☐ noteworthy 注目すべき　☐ peril …を危険にさらす　☐ delist …をリストから除く
- ☐ associate A with B A を B と関連づける

- ☐ opposition to …への抵抗・反対　☐ funding 資金提供　☐ associated 関係のある　☐ critic 批判者
- ☐ exaggerate …を誇張する　☐ severity 厳しさ　☐ allot A to B A を B に割り当てる
- ☐ result in …の結果になる　☐ tolerate …を大目に見る

- ☐ what is called いわゆる　☐ critical 重大な、重要な　☐ habitat 生息地
- ☐ serve as (本来の目的以外に) …に役立つ　☐ controversy 論争、論議　☐ define …を定義する
- ☐ regardless of …にかかわらず　☐ own …を所有する　☐ individual 個人　☐ naturally 当然
- ☐ seize …を差し押さえる　☐ safeguard …を保護する

261

Set 3 — ライティング問題1 | Integrated Task | Listening Script

🔊 WS3_01script

There are several myths about the Endangered Species Act. To some extent, I understand the fear those antagonists might be feeling, but frankly speaking, they are blind, I have to say. The Endangered Species Act was established with goodwill, and it is showing some positive outcomes.

First of all, yes, it is true that only about 30 species on the endangered list have been removed from the list. Yes, it is about one percent of the total. However, if you consider the dire fact that dozens of species are facing extinction each day somewhere on this earth, you might understand how significant it is just to maintain the population of one species. We have succeeded in stabilizing the population of hundreds of species, and this is not something trivial. And it must be noted that the requirements for delisting species are strict. Even if we are successfully guarding the organisms, it takes time to increase the population to a required extent, and going through all those administrative processes for delisting also takes time. The undeniable fact is that the populations of many of the listed species are increasing.

Next, I know a great amount of funding is being spent on activities related to wildlife conservation. It is what we really need, isn't it? There is cost for research facilities, equipment, and labor. No biologists can keep conducting research without financial support. And I can say that dedication to conservation research is not a wise way to seek wealth. Wildlife biologists earn on average $53,000 a year, which is 15%

絶滅危惧種法についてはいくつか妄説があります。私は反対者が感じていると思われる危惧をある程度理解していますが、率直に言って、彼らは何もわかっていないと言わざるを得ません。絶滅危惧種法は善意で制定され、いくつかの前向きな結果をもたらしています。

まず第1に、絶滅危惧種リストから外されたのは約30種しかないのは事実です。確かにそれは全体の約1パーセントです。しかし、この地球のどこかで毎日数十種が絶滅の危機に瀕しているという悲惨な事実を考えると、1つの種の個体数を維持することだけでもどれだけ重要なのか理解できるはずです。私たちは数百種の個体数を安定させることに成功しましたが、これは小さなことではありません。また、種をリストから除外するための条件は厳格であることに注意する必要があります。たとえ生物の保護に成功したとしても、必要な程度まで個体数を増やすには時間がかかり、リストから外すための管理プロセスをすべて行うのも時間がかかります。リストアップされている種の多くの個体数は増加しているという事実は否定できません。

次に、野生生物の保護に関連する活動に多額の資金が費やされていることを私は知っています。でも、それは本当に必要とされていることではありませんか？ 研究施設にも、設備にも、マンパワーにもコストがかかります。生物学者は財政的支援なしに研究を続けることはできません。そして、自然保護の研究に専念するのは、財を成すには賢明な方法ではないと言えます。野生生物を研究する生物学者は年間平均53,000ドルの収入を得ておりますが、これは国民の平均より15%少ないです。彼らが平均以下の給与で自然の保護のために行

Writing Section

lower than the national average. We can't and shouldn't call their work done for the well-being of nature with below-average salaries a profit-oriented activity. This needs to be more specifically aimed for personal gain.

Lastly, no, the government will not take your land. You will not lose your land. The Endangered Species Act does define critical habitats. Those are the areas that the endangered species might need for their survival and proliferation. That's all. Your government cannot seize your property. It's the direct opposite. Since critical habitats must be well preserved, the land defined as critical habitats is better protected from, say, poachers who try to illegally kill animals and sell them for money.

った仕事を利益志向の活動と呼ぶことはできませんし、呼ぶべきでもありません。このことばは、個人が利益を得ることを指すときだけ使うようにするべきです。

最後に、政府があなたの土地を奪うことはありません。あなたが土地を失うことはないのです。絶滅危惧種法は重要な生息地を定義しています。これは、絶滅危惧種にとって生存と増殖のために必要になるかもしれない土地です。それだけなのです。あなたの政府はあなたの所有地を接収することはできません。全く逆なのです。重要な生息地は十分に保護しなければならないので、重要な生息地として指定された土地は、たとえば、不法に殺した動物を売ってお金をもうけようとする密猟者から一層保護されます。

- ☐ myth 作り話 ☐ to some extent ある程度は ☐ fear 恐怖 ☐ antagonist 敵対者 ☐ goodwill 善意
- ☐ outcome 結果、成果

- ☐ remove …を（名簿などから）外す ☐ dire 悲惨な ☐ dozens of 数十の ☐ significant 重要な
- ☐ stabilize …を安定させる ☐ trivial 取るに足らない ☐ it is noted that 節 …であることが注目される
- ☐ requirement 必須条件 ☐ guard …を守る ☐ organism 生物、有機体 ☐ required 必要とされる
- ☐ go through …をやり終える ☐ undeniable 否定しがたい

- ☐ related to …に関係している ☐ conduct research 研究を行う ☐ dedication to …への専念
- ☐ on average 平均で ☐ well-being 幸福な状態 ☐ below-average 平均以下の
- ☐ profit-oriented 利益志向の

- ☐ proliferation 増殖 ☐ property 所有地 ☐ preserve …を保護する ☐ poacher 密猟者

📄 Summarize the points made in the lecture you just heard, and explain how they cast doubt on points made in the reading passage.

今聴いた講義で述べられた論点をまとめ、それらがリーディング・パッセージ内の論点にどのように疑問を投げかけているか説明してください。

263

Set 3 | ライティング問題1 | Integrated Task | 解説

メモ例①

ESA　criticism

① little recovery
　 only 1%

30 species
||
significant
delist = strict
take time

② biologists
　 exaggerate
　 to get los of money

funding = necessary
(facilities
　equipment
　labor
can't make lots of money

ES = endangered species

③ critical habitat
　 land taken by
　 gv for ES

NO!
land　ES need
　　　　　for survival
ch　protected
　　　　from poachers

gv = government agents

ch = critical habitat

264

Writing Section

📍 模範解答 ❶

The reading passage discusses the disadvantages of the Endangered Species Act (ESA), which was designed to save endangered species from becoming extinct, whereas the professor states that the law was created with good intention and is demonstrating beneficial results.

First, the reading casts doubt on the effectiveness of the act stating the fact that only one percent of thousands of listed endangered species were delisted. On the other hand, the professor negates this idea by asserting that even though only approximately 30 species were removed from the list, maintaining even one species is a tiring task. Also, it takes time to raise the population to a necessary degree as well as to complete the administrative process for delisting. Furthermore, the number of many of the species listed is in fact rising.

Second, according to the reading, some biologists associated with ESA are criticized for emphasizing the gravity of these issues to continue gaining more personal funding. However, the professor argues that conserving wildlife does entail a huge amount of money, so it is natural to receive this support. In addition, if biologists attempted to acquire personal funds, they would engage in a different project because wildlife biologists receive less money than the national average.

Finally, the reading mentions that some landowners are worried that if their land is regarded as necessary for the endangered species to recover, called critical habitat, it will be taken away by the government agents. On the other hand, the professor goes against this, claiming that the government will not seize the land of individuals even though it is defined as critical habitats. On the contrary, the critical habitats are protected from people such as poachers illegally hunting animals.
(283 words)

| Set **3** | ライティング問題1 | Integrated Task | 解説 |

文章では、絶滅危惧種が絶滅するのを防ぐために制定された絶滅危惧種法（ESA）の欠点について説明していますが、教授は、この法律は善意で作成され、成果を上げていると述べています。

第1に、この文章は、リストされた数千の絶滅危惧種のうち、リストから外されたのはわずか1パーセントであるという事実を述べて、法律の有効性に疑問を投げかけています。一方、教授は、リストから削除されたのは約30種だけであるにもかかわらず、1種だけでも保護することは骨の折れる作業であると主張して、この考え方を否定しています。また、リストから削除するための執行手続きを完了させるだけでなく、必要な程度まで生息数を増やすのにも時間がかかります。さらに、リストされている種の多くは実際に増加しています。

第2に、文章によると、ESAに携わる一部の生物学者は、個人的な資金の獲得をさらに続けるためにこれらの問題の重大さを強調していると批判されています。しかし、教授は、野生生物の保護には莫大な費用がかかるので、この支援を受けるのは当然のことだと主張しています。さらに、生物学者が個人的な資金を獲得したいと考えたら、別のプロジェクトに従事するはずです。野生生物の生物学者の収入は国民の平均よりも少ないからです。

最後に、文章は一部の土地所有者は、自分の土地が重要な生息地に指定され、絶滅危惧種が回復するために必要であると見なされた場合、政府機関によって奪われるのではないかと心配していると述べています。一方、教授はこれに反対し、重要な生息地に指定されても、政府は個人の土地を接収しないと主張しています。それどころか、重要な生息地は動物を不法に狩る密猟者のような人々から保護されています。

🖊 ☐ endangered 絶滅に瀕した ☐ extinct 絶滅した ☐ demonstrate …を示す
☐ cast doubt on …を疑う ☐ delist …をリストから外す ☐ negate …を否定する
☐ approximately およそ ➡ about や around だけでなくこの表現も使えるようにしておこう
☐ gravity 重大さ ☐ conserve …を保全する ☐ entail …を要する (= require)
☐ seize …を接収する ☐ poacher 密猟者

＊以下の系統は必ず頭に入れておきましょう

☐ 述べる: state, mention, assert, claim, argue, maintain, contend
☐ V A as B: regard, look on, view, describe, treat
☐ 信じられない: farfetched, unfounded, baseless, nonsense, unlikely
☐ 対比や逆接の表現: while, whereas, yet, however, on the other hand, antithetically

Writing Section

模範解答 ❶ 解説レクチャー

リーディングは、絶滅危惧種を救うための ESA という法律の有用性に疑問を投げかけています。それに対し教授は利益をもたらしていると反論しています。

リーディングに書かれている 1 つ目の理由は、絶滅危惧種のリストからたったの 1% しか除かれておらず効果が低いということです。しかし、教授は絶滅危惧種を救うことは大変であることと、リストから除かれるまでには時間がかかることを指摘しています。

リーディングが述べる 2 つ目の理由は、ESA に関係する生物学者たちが個人的に資金提供を受けるために重大性を強調していることです。しかし教授は、生物保護にはお金がかかることと、利益を上げたいのであればもっともうかるプロジェクトについているはずだと否定しています。

リーディングは 3 つ目の問題点として、土地の所有者たちがプロジェクトのために土地を奪われるのではないかと懸念していることを述べています。教授はこれも否定し、個人の土地が接収されることもなく、むしろ密猟から動物を守るのに役立つと述べています。

| Set 3 | ライティング問題1 | Integrated Task | 解説 |

メモ例②

ⓇR	ⓁL

1

true 30 species removed
dozens species danger
significant to maintain
hundreds stabilized
not trivial
it takes time (inc. adm.)
list increasing!!

2

funding → we need it
facility equip. labor
biologist
53K 15% lower < ave.
not personal gain

3

not take your land
define
E species need it for
      survival, prolif.
can't seize
critical habitat
      well preserved
      protected

Writing Section

📌 模範解答 ❷

The theme of both the reading passage and the lecture constitutes the Endangered Species Act in the US. Whereas the author of the reading passage is critical of the administration of the ESA, the lecturer is of the opinion that tangible outcomes are being produced by the ESA.

Firstly, based upon the fact that only one percent of the species on the endangered list have been delisted, the author of the reading passage asserts that little progress has been made on the conservation of endangered animals. The lecturer, on the other hand, underscores the significance of saving even one species. Furthermore, the lecturer attributes the slower recovery to the strict criteria required to be met for delisting species and concludes that progress is being made.

Secondly, the author of the reading passage mentions that the scientists associated with the ESA are being assigned a large amount of funding, which is stirring up a controversy that they may be using the funds to fill their pocket. The lecturer challenges this viewpoint by saying that conducting research comes at a cost. In addition, according to the lecturer, wildlife biologists earn less than the national average, which is another indication that the claim the scientists are using the funds to enrich themselves is completely unwarranted.

Finally, the author of the reading passage shares the public concern that the government may be permitted to seize private land under the pretext of it being defined as "critical habitat." However, the lecturer asserts that this is a misunderstanding. The lecturer explains that lands designated as "critical habitats" will in fact be better protected rather than be subject to public seizure because they are critical for the survival of endangered species. (284 words)

文章と講義のテーマは、いずれも米国の絶滅危惧種法（ESA）についてです。文章の筆者は ESA の執行に批判的ですが、講師は具体的な成果が ESA によって生み出され

Set 3　ライティング問題1　Integrated Task　解説

ているという意見です。

第1に、絶滅危惧種リストに載った種のうち、リストから外されたのは1%のみだったという事実に基づいて、文章の筆者は、絶滅危惧種の保護についてはほとんど進展がなかったと主張しています。一方、講師は、1種でも救うことの意義を強調しています。さらに、講師は、ある種をリストから外すために要求される厳格な基準のせいで回復が遅くなっているのだと考え、進展は見られていると結論づけています。

第2に、文章の筆者は、ESAに携わる科学者が多額の資金を割り当てられていると述べており、彼らが私腹を肥やすために資金を使用しているかもしれないという論争を引き起こしています。講師は、研究の実施にはコストがかかると述べ、この視点に異議を唱えています。さらに、講師によると、野生生物を研究する生物学者の収入は国民の平均よりも少ないとのことです。これも、科学者が資金を使ってもうけているという主張が完全に不当であることを示しています。

最後に、文章の著者は、「重要な生息地」に指定されたという口実で政府が私有地を接収できるようになるかもしれないという国民の懸念を伝えています。しかし、講師はこれは誤解だと主張しています。講師は、「重要な生息地」として指定された土地は、絶滅危惧種の生存にとって重要であるため、実際には、公的に接収の対象とはならず、より適切に保護されると説明しています。

□ constitute …である　□ whereas …であるのに対して　□ critical 批判的な
□ tangible 具体的な、有形の　□ outcome 成果、結果

□ based upon …を根拠にして　□ assert that 節 …だと断言する　□ make progress 進展する
□ on the other hand 他方では　□ underscore …を強調する　□ attribute A to B AをBのせいだとする

□ assign A B AにBを割り当てる　□ stir up …を引き起こす　□ controversy 論争、議論
□ challenge …に異議を唱える　□ indication 示すもの　□ enrich …を豊かにする
□ unwarranted 正しいと認められない

□ share the concern that …という懸念を伝える　□ under the pretext of …を口実にして
□ seizure 差し押さえ、接収

Writing Section

模範解答 ❷ 解説レクチャー

イントロの Whereas the author of ... 内で、筆者の立場を説明する目的で be critical of ... が使われています。ある考えに肯定的な立場と、否定的な立場の説明を要求するタスクが頻出の Integrated Writing において、oppose や disagree に加え、上記のような立場を表明する表現を覚えておくことで、筆者や講師の立場をより正確に描写できるようになります。類似表現には、be in doubt about ...、be skeptical about ... などがあります。

次に、リーディングパッセージ内で示されている意見を紹介する際、Firstly, based upon the ... にある通り、based upon ... を用いその根拠を提示しています。代替表現には owing to ...、due to ... などがあります。The author asserts ... because ... のように説明することもできますが、この形は多用されやすいので、上記表現を使うことにより表現にバリエーションを持たせることが出来ます。

また、Secondly, the author ... の文では、原因と結果を「コンマ ＋ 関係代名詞 which」でリンクさせることにより、状況描写と因果関係の説明を同時に行っています。

Unit 4 　本試験形式問題演習 Set 3

ライティング問題2 | **Independent Task**

Writing Based on Knowledge and Experience

● 問題演習の流れ（下記の解答方法を必ずお読みください）

- ☐ 音声ファイル（WS3_02.mp3）スタート ➡ 準備と解答（タイピング）で30分 ➡ 解答を保存して終了　という流れで解答します。
- ☐ 30分の準備・解答の前に、Begin to plan and write your response after the beep. と音声が流れます。
- ☐ 30分のライティング解答時間は、「ピー」という音で終わります。
- ☐ 解答はパソコンなどでタイピングしてください。解答データは保存することをおすすめします。

● WEB 解答方法

- ☐ 本試験と同様の方法で取り組みたい場合は、Web で解答できます。
- ☐ インターネットのつながるパソコン・スマートフォン等で、以下のサイトにアクセスして Web 上で解答してください。

eytester.com

- ☐ 操作方法は、P.11–12 の「USA Club Web 学習の使い方」をご参照ください。

Writing Section

● 学習の記録

学習開始日	年　　　月　　　日	学習終了日	年　　　月　　　日

学習メモ▶

....

....

....

....

....

....

学習開始日	年　　　月　　　日	学習終了日	年　　　月　　　日

学習メモ▶

....

....

....

....

....

....

学習開始日	年　　　月　　　日	学習終了日	年　　　月　　　日

学習メモ▶

....

....

....

....

....

....

273

Set 3 — ライティング問題2 | Independent Task | 問題

 WS3_02

> Do you agree or disagree with the following statement?:
>
> **How much you earn through your job is a more important concern than what you do in your job.**
>
> Use specific reasons and examples to support your answer.
>
> **Response Time: 30 minutes**

MEMO

Writing Section

MEMO

⇨ 解答はパソコン等でタイピングしてください。

Set 3 ライティング問題2 | Independent Task 解説

Do you agree or disagree with the following statement?:

How much you earn through your job is a more important concern than what you do in your job.

Use specific reasons and examples to support your answer.

次の主張に賛成ですか、反対ですか。

仕事でどれだけ稼げるかは、仕事の内容よりも重要なことです。

あなたの答えを裏づけるために明確な理由と例を挙げてください。

模範解答 ①

In my opinion, the amount of income we receive from work is not as important as the job duties assigned to us. Of course, were it not for money, we could not survive; therefore, it plays a vital part in motivating us to work. However, tedious work can force us to quit, stressful jobs can harm our health, and money does not always bring happiness.

First of all, if we do not enjoy working or find our responsibilities challenging enough, we might not continue our job even though the payment is generous. For example, my brother started to work as an accountant after he graduated with a degree in accounting. At first, he had thought it would be his ideal job since he could obtain a large sum of money and utilize the knowledge gained through his studies. However, he found the substance of the job monotonous, which led him to quit even though he received a good amount of money compared with his fellow graduates.

Writing Section

In addition, if the job is too stressful, it might damage both our physical health and even mental health. Take my university friend Takuya as an example. Despite his reasonable salary, the great deal of responsibilities made him stressed out all the time due to the long commuting time and working hours in addition to his demanding boss. This led him to be admitted to the hospital, which eventually caused him to leave his job. He still needs to visit the hospital frequently because of the lingering negative effect. The lesson made me realize that if we cannot maintain our health, money is useless.

Finally, highly lucrative work does not necessarily equal happiness. Take my father as an example. He spent most of his time on work; even after returning home, he had to catch up on his job paperwork. This required him to cut down on the time with his family as well as friends. Now, he has retired and regrets that he settled on a job which did not allow him to have sufficient leisure time. Work-life balance is sometimes more important than the amount of money we make.

In conclusion, what type of duties are required in our jobs outweighs how much money we can obtain. Should the work be dull, we might not be able to stick with our job and highly stressful jobs can lead to serious health issues, and this sort of work can have an adverse effect on our well-being. As is sometimes said, some aspects of life are priceless.
(423 words)

私見では、私たちが仕事で受け取る収入の額は、私たちに割り当てられた職務ほど重要ではありません。もちろん、お金がなければ、私たちは生きていくことができないでしょう。したがって、お金は私たちが働く意欲を持つ上で重要な役割を果たします。しかし、仕事が退屈であればやめたくなり、ストレスの多い仕事は健康を害する可能性があり、お金は必ずしも幸せをもたらすとは限りません。

第1に、仕事が楽しくない、または責務にやりがいがないと感じた場合、多額の給与があっても仕事を続けることができない可能性があります。たとえば、私の兄は会計学の学位を取得して卒業した後、会計士として働き始めました。当初は、多額のお金

Set 3 ライティング問題2 | Independent Task 解説

を稼ぎ、学んだ知識を生かすことができたので、理想の仕事だと思っていました。しかし、仕事の内容が単調であることに気づき、卒業した仲間と比較してかなり多くの金額を受け取っていたにもかかわらず、辞めてしまいました。

さらに、仕事でストレスがたまりすぎると、私たちの身体の健康だけでなく、心の健康にも悪影響を与える可能性があります。私の大学の友達の Takuya の例を見てみましょう。そこそこの給料をもらっていたにもかかわらず、厳しい上司に加えて、長い通勤時間と労働時間のせいで、責任の重さに常にストレスを感じていました。これにより彼は入院し、最終的に仕事を辞めました。その悪影響がまだ残っているため、彼はまだ頻繁に通院する必要があります。その教訓から、健康を維持できなければお金には意味がないことがわかりました。

最後に、非常に儲かる仕事が必ずしも幸福をもたらすとは限りません。私の父の例を見てみます。彼はほとんどの時間を仕事に費やしました。帰宅後も事務処理をする必要がありました。そのため、彼は家族や友人と過ごす時間を減らす必要がありました。今、彼は引退していますが、十分な余暇を持てない仕事を選んでしまったと後悔しています。ワークライフバランスは、収入額よりも重要な場合があります。

結論として、仕事でどんな職務が要求されるかは、いくら稼げるかよりも重要です。仕事がつまらないとこつこつ続けることができず、ストレスの多い仕事は深刻な健康問題につながり、このような仕事は私たちの幸せに悪影響を与える可能性があります。ときどき言われるように、人生のいくつかの側面はお金に換算できないほど貴重なのです。

☐ job duty 職務　☐ assign A to B A を B に割り当てる
☐ were it not for …がなかったら ➡ if it were not for の if を省略し倒置した形
☐ play a part in …で役割を果たす　☐ tedious 退屈な

☐ generous たくさんの ➡ 量が多いことを表すときにも使う表現　☐ accountant 会計士
☐ at first 最初は ➡「最初は…だったが後に変わった」ということを表す。作文で間違う人が頻出する表現
☐ utilize …を使う　☐ substance 内容　☐ monotonous 単調な、退屈な　☐ compared with …と比べて
☐ graduate 卒業生

☐ reasonable かなり良い、妥当な　☐ stressed out ストレスが溜まった　☐ commuting time 通勤時間
☐ demanding 厳しい、きつい ➡ job などともよく使う単語　☐ be admitted to …に入院する
☐ lingering 長引く

☐ lucrative 儲かる　☐ catch up on …の遅れを取り返す　☐ cut down on …を減らす

278

- ☐ settle on …に決める ☐ work-life balance 仕事と生活のバランス
- ☐ outweigh …より重要である
- ☐ should S V もし S が V するなら ➡ if S should V の if を省略して倒置した形 ☐ dull 退屈な
- ☐ stick with …をやり続ける ☐ adverse effect 悪影響 ☐ well-being 幸福、健康
- ☐ priceless （お金では買えない）極めて重要な

模範解答 ❶ 解説レクチャー

仕事で得られる給料と仕事内容を天秤にかけた問題です。

イントロでは、お金は重要だということを譲歩として述べ、仕事内容の方が大切な理由を3つ述べています。

1つ目はつまらなければやめてしまうという理由で、例として家族の経験を挙げています。対比を使い説得力が増しています。

2つ目は仕事のストレスは健康に良くないことを述べ、友人を具体例に挙げ給料が良くても仕事内容が良くなければ意味がないことを論じています。

3つ目は「お金＝幸せ」ではないことを家族や友達と過ごす時間のなかった父親の例を挙げて述べています。

結論としてイントロを言い換え、お金に関係する price- が含まれている priceless という単語を使って締めています。

🚩 模範解答 ❷

How much a job pays and what it involves are two important factors in choosing a career. For some people, a compensation package matters more than the content of a job, whereas for others, job responsibilities carry more weight than monetary rewards. Personally, I side with the latter group and hence disagree with the given statement because the content of a job greatly affects your mental well-being. This is, however, on the condition that the job in question offers a sufficient income for a worker to meet basic financial needs.

To begin with, a person's mental well-being depends to a significant extent on what he is required to perform in his job. In particular, when his professional responsibilities reflect his competencies and his personal inclinations, he is more likely to succeed and derive a sense of fulfillment from his job, thereby contributing to increasing his mental well-being.

On the other hand, suppose that his job does not suit his skills or personalities. Of course, getting paid provides him with some sense of purpose, but sooner or later, he would have to drag himself to his office because working for 8 to 9 hours a day five days a week starts to take a toll on his mental health. Without stable mental health or a certain level of motivation, one cannot keep working in that place, and from this perspective, what is ultimately important is not the amount of salary but desirable work environments including contents of work.

Of course, one is afforded the luxury of caring about the content of a job only when the income from the job is sufficient to provide for basic everyday financial needs such as food expenses and rent. It is no surprise that only when a person is financially well-off to meet his basic needs, can he afford to prioritize job satisfaction higher than his remuneration. In other words, the weight a person attaches to the content of his job is an increasing function of his current salary. This is why I disagree with the statement in so far as a job in question pays sufficiently well for me to make a living.

In summary, overall, I disagree with the statement and believe that pay matters less than what a job involves. However, this is true on the grounds that the pay is high enough and we can fulfill the basic needs of our everyday life. (402 words)

仕事でいくらもらえるかと仕事の内容は何かは、キャリアを選ぶ際の2つの重要な要素です。ある人々にとって、待遇は仕事の内容よりも重要ですが、別の人々にとって

Writing Section

は、仕事の内容のほうが金銭的な報酬よりも重要です。個人的に、私は後者のグループと同じ考えで、仕事の内容がメンタルヘルスに大きく影響するので、問題の主張には同意しません。ただし、これは、その仕事で、労働者が基本的に必要な費用を賄えるくらいの報酬を得られることが条件です。

まず、人のメンタルヘルスは、仕事で要求されることにより大きく変わります。特に、その人の責務が技能と個人的な意向を反映しているとき、成功して仕事から充実感を得る可能性が高く、それによってメンタルヘルスが向上します。

一方、仕事がその人のスキルや性格に合わないとします。もちろん、給料をもらえることである程度のやりがいは得られますが、1日8～9時間、週5日働くことで、遅かれ早かれメンタルヘルスに悪影響が出てくるため、オフィスに出勤するのも一苦労という状態になります。安定したメンタルヘルスと一定レベルのモチベーションなくして、人はその場所で働き続けることはできません。この観点から、究極的に最も大事なのは給与の額ではなく、仕事内容を含む、望ましい労働環境なのです。

もちろん、仕事での収入が食費や家賃などの日常的に必要な費用を賄うのに十分である場合にのみ、仕事の内容を気にする贅沢を味わえます。基本的な費用を賄えるくらい経済的に余裕がある人だけが、報酬よりも仕事の満足度を優先する余裕があるのはあたりまえです。言い換えれば、仕事の内容が持つ重みは、現在の給与の増加関数です。ですから、その仕事で生計を立てるのに十分な収入を得られる限り、私はこの主張に同意しないのです。

つまり、全体として、私はこの主張に同意せず、給与は仕事の内容よりも重要ではないと考えていますが、これは、給与が十分高く、日常生活の最も基本的なニーズを満たすことができる場合に当てはまります。

- □ involve …を含む □ compensation package 従業員の待遇 □ carry weight 重要である
- □ monetary reward 金銭的報酬 □ side with …の側につく □ latter（2者のうちの）後者の
- □ hence このゆえに □ affect …に影響を及ぼす □ mental well-being 精神衛生
- □ on the condition that 節 …という条件で □ sufficient income 十分な収入

- □ to a significant extent かなりの程度まで □ be required to *do* …するように求められている
- □ reflect …を反映する □ competency 能力, 適性 □ inclination 意向
- □ be likely to *do* …しそうである □ derive …を引きだす □ a sense of fulfillment 充実感
- □ thereby それによって □ contribute to …に貢献する

| Set 3 | ライティング問題2 | Independent Task | 解説 |

- □ suppose that 節 仮に…だとしよう
- □ drag A to B A を無理に B に引き込む　□ toll 犠牲

- □ afford A B A に B (便宜など) を与える　□ well-off 富裕で　□ remuneration 報酬
- □ attach A to B A を B に付与する　□ in so far as …でありさえすれば　□ in question 問題になっている
- □ pay well 実入りがある　□ make a living 生計を立てる

- □ overall 全体として　□ fulfill …を充足する

模範解答 ❷ 解説レクチャー

第1パラグラフにある For some people, ... は、一般論を述べるのに便利なフレーズで、そのあとに自身の主張を持ってくることにより、自然な流れで問題英文への解答に入ることができます。ある意見に賛成を表明する表現は agree with ... が最も一般的ですが、ここでは side with ... を使用しています。このように言い換えをすることにより、文にバリエーションを持たせています。

第2パラグラフの In particular ... は、具体例を導入する際に使用される表現で、「具体的には…」のように訳すことができます。やや抽象的なアイデアを述べた後で、そのアイデアにより具体性を持たせる説明をしたいときに、In particular で前置きをすると自然により具体性が高い議論に移行することができます。

第4パラグラフにある In other words ... は、その前にある事柄の言い換えを行っていることを明確にするために使用しています。似たような表現に Put differently 、That is to say などがあります。

最後に、第5パラグラフで使用されている overall は、「全体としては」という意味を持っており、問題英文に対する反対の程度を表現するために使用しています。程度を表す表現にはそのほかに completely 「完全に」、fully 「全く」、partially 「部分的に」などがあります。

この模範解答は、オーソドックスな肯定理由3つを First, Second, Third と展開する流れとは異なる構造をしています。このような流れでも満点を含む高得点は出ているため、このスタイルが、採点基準でまずいということにはなっていないはずです。一方で、高いレベルでの論理性 (logic)、首尾一貫性 (coherence) が求められます。Writing に確固たる自信がある場合で、内容の筋道が明確に頭に浮かんだ場合は、この模範解答のように書いてみても構いません。ただし、オーソドックスな書き方に慣れている場合は、無理にこのサンプルのようにする必要はありません。典型的な構造以外でも点数が出せないことはない、ということを例示するために、この模範解答のような自由形を1つだけ含めました。

TOEFL 指導、あるある体験記

多くの TOEFL 受講者への英語指導、受験対策を行ってきた中での「あるある話」をしてみたいと思います。みな一生懸命挑むのですが、『勉強』をしている人は比較的スコアの伸びが速く、『対策』をしている人は伸びが緩くなる傾向があります（傾向であり全員がそうだというわけではありません。ただ、強い傾向は見られます）。

『勉強』というのは、根本的に英語のスキルを上げるための取り組みです。『対策』というのは、英語力というより、雛形だったり、解法技術であったり、どの試験会場がいいか等の情報集めだったり、英語力以外の要素を強化する取り組みです。ここではそう定義します。

TOEFL というのは、小手先でどうにかなるレベルのテストではありません。まず、今の英語力では目標点は取れない、という場合がほとんどです。対策は大事ですし、すべきです。一方で、現在の点数と目標点の乖離があればある程、本質的な英語力が必要になります。雛形を見つけられることが最重要項目ではなく、そもそもの Writing/Speaking スキルを高めることが最重要項目のはずです。それを補助するための雛形、という位置づけなら問題ありませんが、雛形依存であれば、それは行き過ぎです。「対策ばかりに明け暮れず、もっと勉強しましょ ^^」となりますね、やはり。

実際に、英語の勉強をして英語力が上がっている人の方が点数の伸びは速いです。英語で話す練習をしていますか？　英語の Speaking の練習をしていないのに、Speaking セクションの点数が伸ばせる人はいないと思います。雛形を覚えても、実際に自分で書く、話す部分がかなりあるわけで（高得点を出したいなら雛形が占める割合は 2 ～ 3 割以下に抑える）、書く、話す練習をしておかなければ、雛形があっても、使えない武器を手に入れたようなものなんです。対策もいいですが、『勉強』した方が結局は近道になるかなと思います。

将来を見ているか、だと思うんです。将来、進学でも留学でもビジネスでも、英語力って、ないよりあった方がいいと思いませんか？　見せかけの英語力より、実際に英語力があった方がいいと思うんです（見せかけの方がいい、という人はいないと私は考えています）。将来の自分を想像して、その希望する道に進むために TOEFL を受験しているはずなんです。それが根底にあれば『勉強』するものです。TOEFL という、いい好機（Chance！）を使って、自分の夢・目標を叶えるために必要なスキルを身につけているんですよね。だって、TOEFL でもなければ、今のスキルを継続してしっかり上げるぞ！　ってならないと思いませんか？

　私の・僕の夢を叶えたい！
　私の・僕の目標を達成したい！

私の・僕のスキルを上げたい！　だからやってる、前に進んでる！

そういう本来ある Drive（ドライブ：心の底にある希望・意欲・活力）が、TOEFL への取り組みを、より積極的で有益なものにしてくれるのではないかと、私は勝手に思っています。

そういう心で望むから、向上も<u>自然で</u>、<u>効率的で</u>、<u>大きくなる</u>ものなのかなと、そう感じることが時々あります。

山内勇樹

オンラインツールの使い方、お得な情報

本書の問題は、Webでも解答できるようになっています。書籍では掲載されていないサンプル、動画講義、スコアアップのためのポイントなどの情報も掲載されています。最大限ご活用のうえ、スコアUPにお役立てください。また、TOEFLの採点基準や問題の傾向が今後変わってくる可能性は常にあります。こうした最新情報のアップデートも、Web学習ツールで参照することができます。

アカウント作成ページにアクセスします（P.11–12「USA Club Web学習の使い方」参照）。「**eytester.com**」にアクセスして、メールアドレスとお名前を入力してください。アカウント作成が終わりましたら、ご入力いただいたメールアドレスに、ログイン情報をお送りします。

アカウント作成後、通常2～3日で登録完了のメールが届きます。メールが届かない場合、専用のLINE（https://lin.ee/8i9ycYc）でご連絡ください。

Web学習サイト　使用者限定特典

TOEFLはパソコンを使ってONLINEで受けるテストです。Web学習で、本試験に近い環境で練習しましょう！　Web学習サイト使用者限定の特典を用意しました。ぜひご活用のうえ、スコアUPを実現してください。無料ですが、TOEFLに関するアンケートにお答えいただいた方だけが利用できる特典です。

特典内容の詳細は、下記のWeb学習サイトにアクセスしてください。

eytester.com

Web学習の進め方、特典の使用法・注意事項についてはWeb学習ページをご参照ください。この特典は、本書のコンテンツとは別に、特別に一定期間利用できる追加無料コンテンツです。特典の利用期限は、2025年3月末までです。

Web 学習のデバイスについて

Web 学習は、パソコン、タブレット、スマートフォンのいずれでも利用できます。TOEFL 本試験では、パソコンを使用して受験しますので、できる限りパソコンでの使用を推奨します。Windows、Mac いずれでもご利用できます。

Web 学習についての問い合わせ

利用の仕方は Web 学習サイト内にあります。ご質問がある場合には、出版社ではなく、以下の E メールまたは LINE でお問い合わせください。

E メール：usaclub@sapiens-sapiens.com
LINE：https://lin.ee/8i9ycYc

著者:

山内勇樹（やまうち ゆうき）

UCLA（カリフォルニア大学ロサンゼルス校）卒。脳神経科学専攻。留学サポート・語学学習を提供する株式会社Sapiens Sapiensの代表講師兼最高責任講師。TOEFL 120点、TOEIC L&R TEST 990点、TOEIC SW 400点、英検1級（成績優秀者表彰）、ケンブリッジ英検CPE（C2）、通訳翻訳士資格などさまざまな資格・スコアを保有。アメリカ、イギリス、カナダなど世界中の名門大学、大学院、ビジネススクール、法学校に合格者を出し続けている留学のスペシャリスト。企業の英語指導としての顧問、指導実績も多数。高校での客員講師としても授業を行っている。書籍、雑誌、新聞、講演、ワークショップ、動画配信などを通じ、TOEFL指導や留学サポートの教育を幅広く提供している。趣味はバスケットボール、登山、神社巡り、流れ星の観測、バーベキュー、マリオカートなど。

森田鉄也（もりた てつや）

武田塾教務部英語課課長、武田塾国立校オーナー。株式会社メタフォー代表取締役。慶應義塾大学文学部英米文学専攻卒。東京大学大学院言語学修士課程修了。TOEFL iBT 115点 ITP 660点、TOEIC990点（90回以上）、TOEIC SW 400点、国連英検特A級、英検1級、ケンブリッジ英検CPE、英単語検定1級、通訳案内士（英語）、英語発音検定満点、TEAP満点、GTEC CBT満点、IELTS 8.0、日本語教育能力検定試験合格。英語教授法TEFL、CELTA取得。
『TOEIC L&R TEST 単語特急 新形式対策』（朝日新聞出版）、『ミニ模試トリプル10 TOEIC L&Rテスト』（スリーエーネットワーク）など著書多数。
YouTubeチャンネル：Morite2 English Channel、ユーテラ授業チャンネル

装幀・本文デザイン　BUDDHA PRODUCTIONS 斉藤 啓
音源制作　株式会社 巧芸創作
ナレーター　Bill Sullivan / Emma Howard / Guy Perryman / Howard Colefield / Kimberly Tierney
写真提供　Shutterstock.com: © RecCameraStock(P.38) / © Kuz Production(P.52) / © Rido(P.66) /
© Mangostar(P.92) / © ｌｉｇｈｔｐｏｅｔ(P.106) / © LightField Studios(P.120) / © Art_Photo(P.146) /
© PhotoByToR(P.160) / © Diego Cervo(P.174) / © dotshock(P.195) / © TalyaPhoto(P.225) /
© as-artmedia(P.257)

極めろ！ TOEFL iBT® テスト スピーキング・ライティング解答力

2021年12月22日　初版第1刷発行
2022年10月25日　第 2 刷 発 行

著　者	山内 勇樹　森田 鉄也
発行者	藤嵜 政子
発行所	株式会社 スリーエーネットワーク
	〒102-0083 東京都千代田区麹町3丁目4番 トラスティ麹町ビル2Ｆ
	電話：03-5275-2722［営業］　03-5275-2726［編集］
	https://www.3anet.co.jp/
印刷・製本	萩原印刷株式会社

落丁・乱丁のある場合は弊社営業部へご連絡ください。お取替えいたします。
本書の一部または全部を無断で複写複製することは、法律で認められた場合を除き、著作権の侵害となります。

©2021 Yuuki Yamauchi, Tetsuya Morita
Printed in Japan
ISBN978-4-88319-890-0 C0082

スリーエーネットワーク
極めろ！シリーズ ぞくぞく刊行中！

極めろ！
TOEFL iBT® テスト
リーディング・リスニング解答力

目標スコア **100点以上** 高得点で留学・夢へ！

極めろくん

［著］
森田鉄也
日永田伸一郎
山内勇樹

- ●判　型：A5判
- ●ページ数：475 頁
- ●定　価：本体2,530円（税込）
- ●ISBN：978-4-88319-796-5

本書はTOEFL iBTテストで100点以上を目指す方のための対策書です。高得点者の解答戦略や効率の良い解答方法を体感しながら、自身に合った解法や勉強方法を見つけることができます。TOEFLに精通した著者が作成したリアルな問題が、リーディングは6セット（本試験約2回分）、リスニングは9セット（本試験約1.5回分）収録されています。なお、TOEFL iBTテストは2019年8月1日実施分より試験形式に一部変更がありましたが、本書はこの新形式に対応しています。

音声は当社ウェブサイトの他、2つの無料アプリ（abceedとaudiobook.jp）で提供しています。また、試験本番と同じようにWebで本書の問題を解くことができます。

無料アプリabceedでは、アプリ上のマークシートでタップ解答、解答後の自動採点、音声ダウンロードができます。

TOEFL and TOEFL iBT are registered trademarks of ETS.
This publication is not endorsed or approved by ETS.